JN439975

피은경의 톡톡 칼럼

블로거 페크의 생활칼럼집

피은경의 톡톡 칼럼

초판 1쇄 인쇄 | 2020년 08월 15일
지은이 | 피은경
펴낸이 | 이승훈
펴낸곳 | 해드림출판사
주 소 | 서울 영등포구 경인로82길 3-4(문래동1가 39)
센터플러스빌딩 1004호(우편07371)
전 화 | 02-2612-5552
팩 스 | 02-2688-5568
E-mail | jlee5059@hanmail.net

등록번호 제2013-000076
등록일자 2008년 9월 29일

ISBN 979-11-5634-425-4

피은경의 톡톡 칼럼

블로거 페크의 생활칼럼집

피은경 지음

사랑에 유효 기간이 있을까
질투하는 이유
결혼 전 숙지 사항 일곱 가지
해서는 안 될 말
남이 나를 좋아하게 만드는 방법
차별과 편견은 당연한가
우리 사회에 절실히 필요한 것

해드림출판사

책머리에

독서광

지금까지 28년 동안 독서광으로 살았다. 남들이 지루해 할 책이거나 두꺼운 책이라도 읽어 낼 자신이 있었다. 독서가 나의 유일한 재능 같았다. 설령 감옥에 갇히게 되더라도 내가 읽고 싶은 책만 그 안에 제공된다면, 그곳에서 몇 년은 지낼 수 있다고 여길 정도로 책을 사랑하였다. 한 달에 열 권을 읽기도 했고 하루에 한 권을 완독한 경험도 했다.

글을 쓰는 시간은 골똘히 생각하는 시간이다. 쓰고자 하는 무엇에 대해 모든 정신을 집중하기 때문이다. 글이 한 편 완성될 때 내가 알고 있는 것들을 쓴 게 아니라 쓰면서 알게 되었다는 걸 깨닫게 된다. 어느 책에서 읽은 대로, 뭘 알아서 쓰는 게 아니라 쓰면서 알게 되는 것들이 있다. 결국 글쓰기를 통해 사유하며 배우는 시간을 가진 셈이다.

그러므로 이 책은 오랫동안 책을 사랑하며 살아온 자의 기록이며, 뭘 알아서 글을 쓴 게 아니라 쓰면서 알게 된 것들의 기록이다.

블로그

내가 글쟁이로 사는 데 큰 몫을 한 건 블로그다. 2009년 1월부터 '페크(pek0501)의 서재'라는 블로그를 운영하면서 11년째 글을 올리고 있다. 만약 블로그가 없었다면 600편이 넘는 글을 쓰기 어려웠을 것이다.

내용만 중요한 게 아니라 때로는 형식도 중요하다. 그 이유는 내용이 형식을 좌우하기도 하지만 형식이 내용을 좌우할 수 있기 때문이다. 블로그에 글을 올리는 행위는 내게 '형식'에 해당하고 600편이 넘는 글을 썼음은 '내용'에 해당한다고 볼 수 있다.

내 글에 '좋아요'를 눌러 주시고 댓글을 달아 주신 방문자들에게 이 자리를 빌려 깊은 감사를 드린다.

칼럼에 희망을

좋은 칼럼을 읽으며 '칼럼 쓰는 방법'을 독학으로 배웠다. 정치나 경제보다는 생활이나 사회와 관련한 글을 선호한다. 이를테면 연애, 결혼, 인간관계, 인간 심리, 삶, 문화 등에 관한 글을 쓰고자 한다.

칼럼 한 편이 바람직한 방향으로 사람의 마음을 움직이고 더 나아가 사회를 변화시킬 수 있다는 점은 나에게 어떤 희망을 선사한다. 이 같은 칼럼을 좋아한다. 이를 좋아하는 한, 앞으로도 꾸준히 글을 쓸 것이다.

나의 동족들에게

나의 동족인 블로거들이 이 책을 읽고 수필과 다른 칼럼의 맛을 좋아하게 되길 바란다. '이런 글이 생활칼럼이라면 나도 쓸 수 있겠어.' 하고 도전해 보는 이들이 많아지길 바란다. 그리하여 생활칼럼이 하나의 장르로서 인기를 누리는 날이 오길 기다린다.

블로거들뿐만 아니라 누구나 세상을 향해 의견을 내거나 주장하고 싶은 게 있을 터이다. 그것을 칼럼이란 형식에 담아 보라고 모두에게 권하고 싶다. 그러면 더 나은 세상을 꿈꾸고 있는 자신을 발견하게 될 것이다.

2020년 한여름

피은경

차례

1부 연애와 결혼

2부 우정과 인간관계

3부 독서와 글쓰기

4부 행복과 인생

5부 사회와 문화

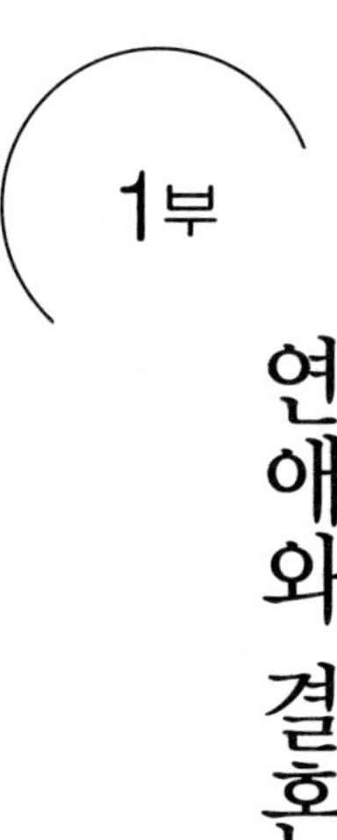

1부

연애와 결혼

사랑에 유효 기간이 있을까

남녀 교제가 시작되면 절로 호기심이 생긴다. 따라서 상대의 성격이나 취향을 탐색하게 된다. 하지만 상대의 일거수일투족을 다 알 수가 없다. 가령 떨어져 있는 동안에 그가 지금 무엇을 하고 있는지, 텔레비전을 볼 땐 어떠한 자세로 보는지, 잠을 잘 땐 어떤 잠옷을 입고 잠버릇은 어떠한지 모른다. 또 무슨 생각을 하는지도 모른다. 이처럼 알 수 없는 부분에 대해서는 상상력을 빌려 그 여백을 채우게 된다. 그래서 생겨나는 게 환상이다. 두 사람이 연정을 품었다면 환상은 감미롭고 아름다운 쪽으로 기울기 마련이다.

그런데 환상은 진실이 아니어서 언제든 깨질 위험을 내포하고 있다. 서로에 대한 환상에 금이 가지 않도록 늘 자기 관리를 하는 노력이 필요한 이유다. 문제는 자기 관리를 잘하기가 쉽지 않다는 것이다. 그런 까닭에 '사랑의 유효 기간'이란 말이 생겼으리라.

특히 결혼하면 한 공간에서 둘이 가까이 지내는 시간이 많아지고 친숙해져 자기 관리에 소홀해진다. 자연히 서로 상대측 단점을 세세히 알게 된다. 예를 들면 그가 얼마나 게으른지 알게 되고, 얼마나 씻기 싫어하는지 알게 되고, 자주 방귀를 뀌는 것을 알게 된다. 거기다 부부 싸움을 하게 되면 연애할 때 몰랐던, 그의 결점까지 알게 되어, 갖고 있던 환상은 유리컵 깨지듯 박살난다. 마침내 달콤한 사랑도 사라질 수밖에 없다.

강인선의 〈힐러리처럼 일하고 콘디처럼 승리하라〉에서 다음과 같이 언급한 것은 참고할 만하다. 「한 연구에 따르면, 결혼하는 순간을 사랑이 최고조에 달했을 때로 가정한다면, 2년 후 그 사랑의 강도는 반으로 준다고 한다. 그로부터 다시 2년이 지나면 남은 사랑의 열기는 또 반으로 줄어든다. 그래서 세계 공통으로 결혼 4년째가 가장 이혼율이 높다고 한다.」

열렬하게 연애를 해서 결혼을 했는데 왜 결혼하고 나면 달라지는 걸까? 그 이유 중 하나로 결혼 생활이 갖는 문제점을 생각할 수 있다. 부부는 서로 편안한 가족이면서 동시에 설렘을 주는 연인이어야 하는데, 이 둘은 양립되기 어렵다는 점이다. 퇴근해서 돌아온 남편을 맞이하는 아내는 좋은 화장품 냄새가 났던 과거의 여성이 아니고 앞치마를 두른 채 김치와 된장 냄새를 풍기는 주부다. 물론 아내의 시각에서도 남편의 모습이 변해 있긴 마찬가지다. 이제 남편은 지난날 근사한 레스토랑에서 분위기 잡던 이가 아니라 피곤에 지쳐 귀가하는 남성이다. 게다가 아이가 태어나게 되면 상황은 더 악화된다. 밤마다 우는 아이를 재우기 위해 밤잠을 설쳐야 하는 부모 역할까지 해야 할 테니 말이다. 이러한 가정에서 낭만적 느낌이 멀어져 가는 건 당연한 일이다.

그렇다면 결혼하지 않고 연인 사이를 지속하는 게 사랑을 오래 유지하는 비결이 될 수 있겠다. 이를 뒷받침하는 내용의 말들을 음미해 보자. "우리가 이미 가진 것을 사랑하는 것은 관례적이지 않다."(아나톨 프랑스) "사랑은 사랑하는 사람을 잃을 것이라는 두려움을 기초로 해서만 생길 수 있다."(스탕달) "욕망은 정의상 얻을 수 없는 것에 대한 갈망이다."(롤랑 바르트)

결국 남녀 사이는 공간적으로 멀리 있어야 갈증이 생겨 뜨거운 사랑이 식지 않는다는 얘기다. 늘 옆에 있어서 언제나

안을 수 있는 배우자에게는 간절함이 생기지 않는다. 보일 듯하면서 보이지 않고, 잡힐 듯하면서 잡히지 않는 그 안타까움이 사랑을 증폭시킨다는 결론이다.

그렇다고 결혼에 대해 겁먹을 필요는 없다. 우리 주위에는 화목한 가정을 이루며 신뢰와 애정을 갖고 사는 부부들이 얼마든지 있기 때문이다. 다만 연인과 부부는 사랑의 양상이 각기 다르다는 걸 반드시 염두에 둘 일이다. 또한 현재 자신을 사랑하는 사람이 있다고 해서 그 사랑이 영원히 변치 않을 거라고 믿어서는 안 된다. 사랑이란 감정이 얼마나 변덕스러운지는 사랑에 빠져 결혼했다가 이혼하는 수많은 커플이 증명해 주고 있다. 자연 풍경이 변하고 인간의 육체가 변하듯 감정도 변한다. 사실 이 세상에서 시간이 지나도 변하지 않는 것이란 하나도 없다.

차라리 감정이 변할 수 있다는 게 다행스러운 일이 아닐는지. 이는 다음 두 가지를 고려해 보면 될 듯싶다. 첫째, 나의 반려자가 내 마음이 변치 않을 거라고 확신해서 내게 소홀히 한다면 비극이지 않은가. 둘째, 만약 본인이 짝사랑하는 자가 가슴에 큐피드 화살을 맞고 그 누군가를 향한 마음이 변치 않아서 본인을 사랑할 가능성이 아예 없는 건 비극이지 않은가.

질투하는 이유

인간 사이에서 질투하는 마음을 갖는 것은 흔한 일이다. 대체로 연인 사이에서는 상대방이 다른 이성으로부터 온 전화를 받으며 웃으면 마음이 불편해지고, 상대방이 다른 이성에게 조금만 친절해도 질투를 느끼게 된다. 부부 사이에서도 이런 감정이 생기는 일이 있다. 아내는 길 지나가는 여자를 유심히 쳐다보는 남편에게 질투를 느끼고, 남편은 어느 연예인에게 열광하는 아내에게 그 비슷한 감정을 느낀다. 이럴 때 질투는 그만큼 상대측에 대해 관심이 있다는 사실을 확인하게 해 준다. 동시에 스스로에게 자신감이 없다는 사실도 확인하게 해 준다.

인간의 이러한 심리를 잘 나타낸 작품으로 셰익스피어의 희곡 〈오셀로〉가 있다. 오셀로는 용감한 장군이긴 하지만 젊지도 않고 '얼굴이 검고 입술이 두툼한' 추남이다. 그런 그가 권세가의 딸인 젊고 아름다운 데스데모나와 결혼한다. 이야고는 자기가 원하던 부관 자리를 오셀로가 캐시오에게 주자 그것에 앙심을 품어 오셀로와 데스데모나를 파멸시키려고 마음먹고는 오셀로에게 데스데모나와 캐시오의 관계를 의심하게 만드는 일을 꾸민다. 결국 오셀로는 이야고에게 속아, 본인이 아내에게 준 손수건을 캐시오가 가지고 있다는 걸 증거 삼아 아내의 부정을 믿게 되어 아내를 목 졸라 죽인다. 뒤늦게 오셀로는 질투에 눈이 멀어 자기가 아내를 오해했음을 깨닫고 자살하고 만다.

여기서 오셀로가 질투심을 갖게 된 이유에도 '자신감 없음'이 한몫하고 있다. 오셀로는 중년의 추남이고, 데스데모나는 젊은 미녀였던 것. 그 반대로 오셀로가 젊은 미남이고, 데스데모나가 나이 든 추녀였다면 결과는 달랐을 터이다.

만약 질투심이 많은 이가 있다면 그에게 필요한 것은 다음 두 가지가 아닐까 한다. 본인이 자신감이 있어야 한다는 점과 상대측으로부터 사랑받고 있다는 확신이 있어야 한다는 점.

알랭 드 보통의 〈불안〉에 따르면 다른 사람이 우리를 바라보는 방식이 우리가 스스로를 바라보는 방식을 결정한다. 이와 비슷한 시각은 일찍이 미국의 사회학자 '찰스 쿨리'에게서도 볼 수 있다. 쿨리에 따르면 우리의 자아 개념은 다른 사람들의 인식의 거울에 비친 자신의 모습을 되돌아보는 과정에서 형성된다. 타인의 눈을 통해서 내가 어떤 존재인지를 알게 된다는 것이다.

이 같은 사실에 입각해서 단둘의 관계인 남녀 사이에 있어서는 더욱, 상대자가 자신을 대하는 태도에 따라 자기 평가가 달라짐을 알 수 있다. 즉 자기에 대한 '자신감 있음' 또는 '자신감 없음'은 상대자에게 달렸다는 얘기다.

그러나 아무리 상대방이 본인을 사랑하고 있다는 확신을 준다고 해도, 또 아무리 평소 자신감에 넘치는 자라 할지라도 누구나 약점이 있기 마련이어서 질투심이 전혀 일어나지 않을 수가 없다. 중요한 점은 남녀 사이에서 약간의 질투는 상대편에 대해 관심이 있다는 것이므로 괜찮지만, 질투가 지나쳐서 상대편을 피곤하게 한다면 둘의 관계는 나빠진다는 점이다. '오셀로'처럼 질투가 이성의 작동을 멈추게 하여 큰 불행을 겪을 수도 있다.

질투를 경계하는 다음 명언들을 기억해 둘 필요가 있다. "질투는 사랑을 계속해서 살린다는 구실 아래 사랑을 죽이는 용이다."(H. 엘리스) "질투는 인간의 자연스러운 본능 가운데 하나지만 부도덕과 불행의 가시를 품고 있다."(쇼펜하우어)

남녀 간 의사소통의 어려움

연애가 어렵다고 말하는 이들이 있다. 연애를 어려워하는 원인 중 하나는 의사소통이 원활하지 않은 점이다.

예를 들어 본다. 두 연인이 만났다. 남자가 여자에게 다정히 묻는다. "지난 주말에 잘 보냈어요?" 여자가 웃으며 대답한다. "예, 잘 보냈어요." 이 대답에 남자는 섭섭하다. 남자는 '어떻게 나를 만나지 않고도 잘 보낼 수 있는 걸까, 내가 보고 싶지도 않았다는 말인가.' 하고 속으로 생각한다. 남자는 여자가 자기처럼 그리움에 쓸쓸한 주말을 보내길 바랐던 것. 여자는 남자의 표정이 좋지 않자 신경이 쓰인다. '나랑 함께 있는 게 싫은가?' 하는 의문마저 든다. 여자가 주말을 왜 잘 보냈는지를 남자에게 진작 말해 줬더라면 오해가 없었을 것이다. 여자는 주말에 이 남자를 만날 때를 위한 옷을 사느라 즐겁게 보냈던 것이다. 연인에게 예쁘게 보이기 위해 옷을 고르는 시간이 어찌 즐겁지 않을 수 있겠는가.

이번엔 누군가의 소개로 몇 번을 만난 대학생 남녀. 여자가 남자에게 말한다. "우리 서로 좋은 친구가 되었으면 좋겠어." 남자는 이 말을 이렇게 받아들인다. '나와 애인이 되기는 싫단 말이군.' 그런데 그녀의 진의는 그 남자를 신뢰하고 좋아해서 계속 만나고 싶다는 거였다.

상대방의 마음을 몰라서 어처구니없는 상황에 이르는 문학 작품이 있다. 김유정의 〈동백꽃〉이란 단편 소설이다. 주인공 '나'와 처녀인 점순은 열일곱 살 동갑내기로 산골 마을에 산다. 어느 날 점순이가 '나'에게 굵은 감자 세 개를 주는데 그것이 어떤 의미를 갖는지 '나'는 알 길이 없다. 점순이는 '나'에게 "느 집엔 이거 없지." 하고 생색내는 큰소리를 하고는 자기가 감자를 준 걸 남이 알면 큰일 날 테니 여기서 얼른 먹어 버리란다. 또 "너 봄 감자가 맛있단다." 하고 말한다. 그런데 '나'가 "난 감자 안 먹는다. 너나 먹어라." 하고 말하며 그 감자를 어깨 너머로 쑥 밀어버리자 점순이는 숨소리가 차차 거칠어지고 나중엔 눈물까지 보인다. 점순이가 눈물을 흘려도 '나'는 여전히 그녀의 마음을 알지 못한다. "느 집엔 이거 없지."하는 소리를 '나'는 "너네는 가난해서 감자 없지?"하는, 약을 올리는 말로 들었는지 모른다. 그날 점순이는 '내가 너를 좋아해서 너를 주려고 감자를 가져왔단다.'라는 의미로 감자를 준 건데 말이다.

〈화성에서 온 남자 금성에서 온 여자〉의 저자인 존 그레이는, 남자의 언어와 여자의 언어에는 똑같은 어휘라고 할지라도 서로 다른 의미로 사용되는 게 있어 문제라고 지적한다. 예를 들면 여자가 "나는 좀 더 로맨틱한 기분을 느껴 보고 싶어요."라고 말하면 남자는 "그럼 당신은 내가 로맨틱하지 못하다는 말이오?"로 해석하는데 이를 제대로 해석하면 "당신은 정말 로맨틱한 사람이에요. 이따금씩 불쑥 꽃다발을 내밀어 나를 깜짝 놀라게 하거나 데이트를 신청해 주지 않을래요? 그럼 나는 너무 행복할 거예요."라는 뜻이란다.

오해하지 않기 위해서는 상대편 진실을 알아야 하는데 우리는 이미 고정 관념과 편견을 갖고 있는 데다가 제멋대로 생각하는 버릇도 있어 진실을 알기가 쉽지 않다. 진실을 놓치고 오해가 쌓이기 시작하면 다투게 되고 언젠가는 감정의 골이 깊어져 회복되기 힘든 관계가 되기도 한다.

〈장자〉에 이런 얘기가 있다. 호숫가에서 장자가 말했다. "피라미가 나와서 한가롭게 놀고 있으니 이것이 물고기들의 즐거움이겠지." 혜자가 말했다. "자네는 물고기가 아닌데, 어찌 물고기의 즐거움을 알 수 있나?" 장자가 말했다. "자네는 내가 아닌데, 어떻게 내가 물고기의 즐거움을 모른다는 것을 알 수 있는가?"

물고기가 정말 즐거운 건지 장자가 모르듯 혜자 역시 타인인 장자에 대하여 확신할 수 있는 게 없다. 사실 우리는 물고기가 헤엄치는 것이 즐겁게 노는 건지, 좋아하던 짝과 헤어져 슬퍼서 이리저리 방황하는 것인지, 먹이를 먹고 난 뒤에 소화가 되지 않아 운동하는 건지 알 수 없다. 그저 우리 맘대로 해석할 뿐이다. 어디 물고기뿐이랴. 참새가 짹짹거리는 것도 무슨 의미를 담고 있는 소리인지 짐작은 할 수 있어도 정확히 알 길이 없다.

이에 비해 언어로써 의사소통을 할 수 있는 사람의 마음을 아는 것은 물고기나 참새에 비해 훨씬 쉬워 보인다. 그러나 실제로 이성 관계에서 서로의 마음을 알기란 물고기나 참새의 감정을 헤아리는 일만큼이나 어려울 때가 있다. 자신은 상대에 대해서, 상대는 자신에 대해서 오판할 가능성이 있음을 염두에 두는 일이 꼭 필요한 이유다.

환상이 만든 사랑

기혼 여성인 엘라는 한 번도 만난 적이 없지만 시집을 통해서 알게 된 '트리위'라는 시인을 사랑하게 된다. 그녀는 트리위의 시집을 반복해 읽었고 그의 시를 능가하는 시를 써 보려고 노력하였다. 남편은 총기 제조업을 하고 있었다. 그녀는 남편이 만들어 내는 물건들이 생명을 빼앗기 위한 도구라고 여기며 남편을 물질주의적이고 천박한 사람으로 본다. 그녀는 환상을 주지 못하는 남편과 살면서 환상을 주는 시인을 맘속으로 사랑한다. 그녀의 사랑은 환상의 산물이었던 것. 토마스 하디의 〈환상을 좇는 여인〉이란 소설 속 이야기다.

은희경의 〈새의 선물〉이란 소설에서도 비슷한 상황이 벌어진다. 여주인공인 소녀는 '허석'이란 젊은이를 염소 옆에서 하모니카를 불던 남자로 알고 짝사랑하게 된다. 하모니카를 불던 그 모습을 그리워하다가 나중에 자기를 짝사랑에 빠지게 했던 그 모습은 '허석'이란 멋있는 남자가 아니었고 초라한 낯선 아저씨였다는 걸 알게 된다. 어이없게도 소녀는 대상을 잘못 알고 사랑에 빠졌던 것. 자기를 사랑에 빠지게 만들었던 그 이미지가 한 번도 본 적이 없는 사람의 것이었다면 그 소녀가 진정으로 사랑한 건 무엇이었을까. 소녀의 사랑 또한 환상의 산물이었다.

이처럼 마음속에서 사랑이란 감정이 싹트고 자라나는 것은 인간이 지닌 상상력의 작용이다. 우리는 매력적으로 보이는 이성을 발견하게 되면 상상력으로 그 이성을 이상화하며 미화시킨다. 그래서 그리 아름답지 않은 이를 아름답게 만들고 평범한 이를 비범하게 만들어 놓는다. 여기서 상상력의 다른 이름은 '환상'일 터.

사랑은 우리가 마음먹은 대로 싹트는 게 아니라 자신도 모르게 생겨나는 감정이다. 불륜의 사랑에 빠졌다고 해도 그 감정만큼은 무죄라고 말할 수 있는 이유는 그 때문이리라. 만일 환상이 사랑을 만들어 낸 거라면, 탓할 것은 사람이 아니라 환상이겠다.

서로 사랑하던 연인들이 이별한다면 자기가 변했든지 상대방이 변했든지 둘 중 하나일 가능성이 크다. 상대방이 변한 것은 변한 게 아니라 변한 것처럼 보인 거라고 생각해 보자. 원래 그런 사람이었는데 자신이 처음부터 그에 대해 잘못 알았을지 모르므로. 예를 들면 단점이 많은 이를 장점이 많은 이로 둔갑시켜 상상했을 수 있다. 연인들 간에 "그 사람이 내게 그럴 줄 몰랐어."라고 말하는 것은 스스로가 그에 대해서 잘 몰랐다는 걸 나타낸다. 연인 사이에서 단점을 빨리 드러내는 이는 드물어서 시간이 지나야만 밝혀질 오해가 충분히 생길 만하다. 여기서 기억해 둘 점은 인간은 사고방식이든 성격이든 습관이든 쉽게 변하지 않는다는 점이다. 그러니 상대측이 변한 게 아니라 본인이 상대측을 애초에 잘못 본 거라고 봐야 한다.

만약 자신을 사랑한다고 믿었던 그가 실제로 변심했다면 본인에게 문제가 있지 않나 생각해 보자. 본인의 어떤 점에 실망이 되어 그가 싫증이 났는지 모를 테니. 이 역시 그가 잘못된 환상을 가졌을 확률이 높다. 연인들 사이에서 "이제 너를 만나는 게 하나도 즐겁지 않아."라는 말이 나왔다면 더 이상 사랑하지 않는다는 뜻이다. 다시 말해 상대편에 대한 환상이 깨졌음을 의미한다.

상대를 잘 모르면서도 사랑할 수 있다는 건 신비한 일이 아닐 수 없다. 그가 잠에 빠질 때와 깨어났을 때의 느낌을 모르고서도, 밥 먹을 때의 느낌을 모르고서도 우리가 사랑할 수 있다니.

사랑의 신비를 강조하기 위해 문학평론가 신형철의 〈느낌의 공동체〉에서 뽑은 다음 글로 마무리한다.

「나는 너를 사랑한다. (중략) 나는 네가 커피 향을 맡을 때 너를 천천히 물들이는 그 느낌을 모르고, 네가 일곱 시간을 자고 눈을 떴을 때 네 몸을 감싸는 그 느낌을 모르고, 네가 좋아하는 가수의 목소리가 네 귀에 가닿을 때의 그 느낌을 모른다. 일시적이고 희미한, 그러나 어쩌면 너의 가장 깊은 곳에서의 울림일 그것을 내가 모른다면 나는 너의 무엇을 사랑하고 있는 것인가.」

결혼 전 숙지 사항 일곱 가지

대체로 친구들과 마찰이 없던 사람도 연인 관계에선 마찰이 생긴다. 친구보다 연인이 더 가깝기 때문일 것이다. 연애할 때보다 결혼한 뒤에 갈등의 폭이 더 넓어진다. 연인보다 부부가 함께 있는 시간이 더 많고 더 친밀하기 때문일 것이다. 가까운 사이는 잘 통할 수 있으나 반대로 잘 어긋나기도 한다.

달콤하게 연애하는 시기를 거쳐 혼인한 부부가 삐걱거리는 생활을 하게 된다면 그 이유는 뭘까? 자신이 어떤 배우자가 될지 모르고, 상대자가 어떤 배우자가 될지 모르는 상태에서 혼인했으니 삐걱거리는 게 어찌 보면 필연이다. 다시 말해 상대자와 처음 해 보는 혼인이기에 순탄치 않음이 당연하다고 볼 수 있다.

부부들 중 대부분이 연애할 때 경험하지 못했던 다툼을 경험한다. 가령 집안일을 분담하는 일이나 자녀 교육법에 대해 제각기 의견이 달라 충돌이 생기고 이를 적절히 조율하지 못하면 다툼이 벌어진다. 부부가 되고 나면 연애에서는 간과되었던 문제들이 예기치 않게 발생하는데 이는 결혼 생활에서 종종 일어나는 현상이다.

'그들은 연애를 하며 서로 사랑하게 되었고 결혼해서 행복하게 살았답니다.'라고 말하는 건 가짜 러브스토리다. '그들은 연애를 하며 사랑하게 되었습니다. 하지만 결혼한 뒤에는 불화를 겪으며 다투기도 하고 서로 미워하기도 하였습니다.'라는 게 진짜 러브스토리다.

연애와 결혼을 비교해서 간단히 말한다면 이렇게 되지 않을까 싶다. 사랑의 환상에 빠져 상대의 장점에 주목하는 게 연애라면, 그 환상이 깨져서 상대의 단점에 주목하는 게 결혼이라고. 또 이렇게 말할 수도 있다. 상대의 단점마저도 포용하고 싶은 게 연애라면, 상대의 단점으로 인해 싸우고 나서 그 단점을 개선시킬 것인가 아니면 참아 줄 것인가로 고민하는 게 결혼이라고.

연애는 단지 상대방에 대한 관심이나 호기심만으로 시작할 수 있지만 만남을 지속하려면 두 사람 다 한 가지가 꼭 필요하다. 바로 열정이다. 둘 중 한 사람이라도 열정이 시들어지면 그 만남은 끝이 난다. 연애의 완성이 결혼이라고 흔히 말하지만 결혼을 한다고 해서 완전한 결혼 생활을 보장하지는 않는다. 한 공간에서 매일 얼굴을 보고 사는 결혼 생활이란 자기 결점을 밑바닥까지 보여 주기도 하고 배우자의 결점도 밑바닥까지 보게 되는 생활이므로.

완벽한 혼인 생활은 아니더라도 이혼하지 않고 혼인 생활을 원만하게 유지하려면 결혼하기 전에 숙지해야 할 사항이 있다고 말하고 싶다. 그 사항들을 열거하면 다음과 같다.

첫째, 자신과 배우자는 각각 다른 환경에서 자랐기에 결혼 후 의견의 불일치가 생길 수 있다는 걸 인식할 것. 둘째, 실수와 잘못을 얼마든지 할 수 있는 배우자와 같이 사는 게 결혼이라고 여길 것. 셋째, 사랑을 받기 위해서가 아니라 사랑을 나누고 완성시키기 위해 결혼한다는 마음가짐을 가질 것. 넷째, 배우자의 기분이 상하지 않도록 배려하겠다고 다짐할 것. 다섯째, 연애 중에 싸울 일이 있게 되면 치열하기 싸워서 상대방이 매우 화가 났을 때의 모습을 봐 둘 것. 여섯째, 상대자의 장점이 좋아서 결혼을 결정하기보다 상대자의 단점을 정확히 알고 자기가 견뎌 낼 수 있는지를 판단해서 결혼을 결정할 것. 일곱째, 부부 사이가 소원하거나 너무 집착해도 좋지 않으니 둘 사이에 적당한 거리가 필요함을 알 것.

그런데 사랑에 빠졌다는 건 분별력을 잃었다는 걸 말함이니, 결혼 전 이런 숙지 사항들을 신중히 고려하는 게 불가능할 수 있겠다. 서로 사랑해서 결혼식을 올린 부부라면 말이다. 그렇다고 해도 이 같은 숙지 사항들을 한 번쯤 고려해 보고 결혼하는 경우와 그렇지 않은 경우는 크게 다를 거라고 생각한다.

주부들이여! 희생자가 되지 말라

결혼을 하면 얻는 것도 있지만 잃는 것도 있다. 결혼 생활엔 행복한 시간만 있는 게 아니다. 만약 행복한 시간만 있다면 이혼하는 사람들이 왜 있겠는가.

결혼 생활이라는 것도 알고 보면 공동생활이라서 나 아닌 다른 식구를 위해 지켜야 할 규칙이 있다. 만일 상대를 배려하는 마음이 없어서 그런 규칙을 지키지 않는다면 잡음이 생긴다. 예를 들면 누군가가 낮잠을 잘 땐 조용히 해 줘야 하는 규칙 같은 것. 시끄럽게 해서 낮잠을 깨게 하면 안 된다. 화장실을 사용한 뒤엔 환기가 되게 해 주는 규칙 같은 것. 화장실을 사용한 뒤엔 용변을 봐서 냄새가 나게 했든 샤워를 해서 습기가 차게 했든, 환풍기를 돌려놓든지 문을 열어 놓아서 다음에 화장실을 사용할 식구가 불쾌하지 않도록 신경 써야 한다. 우리 집만 그런 게 아닐 것이다.

이러한 일이 있었다. 오랜만에 라면을 먹으려고 찾아보니 라면이 하나도 없었다. 슈퍼에 가서 사 오려니 귀찮았다. '라면을 누가 다 먹은 거야?' 하는 생각으로 핸드폰을 찾아 우리 식구 네 명의 카톡방에 들어갔다. "누가 마지막 남은 라면을 먹었나요?"라고 물었더니 둘째 아이라고 한다. 그 말에 내가 메시지를 띄웠다. "마지막 남은 라면을 먹는 사람은 '이제 집에 라면이 없음.'이라고 카톡으로 알릴 것." 모두 그렇게 하겠다고 답글을 적었다. 이것으로 해결을 보았다. 우리 가정에 규칙이 하나 추가된 것이다.

우리 가족처럼 부부와 두 자녀가 같이 사는 경우에 혹자는 집안일이 전적으로 주부의 몫이니 라면을 사 놓는 일도 해야 한다고 말할지 모르겠다. 주부가 집안일을 도맡아 해야 한다고 말할지 모르겠다. 그러나 그런 시대는 지났다. 이미 맞벌이 부부 시대가 됐다. 며느리 노릇 하랴, 딸 노릇 하랴, 살림하랴 이것만으로도 바쁜 게 주부인데 게다가 직장을 다니기까지 한다. 한마디로 주부가 고달픈 시대가 되었다. 직장에 다니는 남편만 바쁜 게 아니고 학교에 다니는 자녀들만 바쁜 게 아니고 주부도 바쁜 시대다. 그런데 네 식구가 똑같이 바쁘면서 한 사람만을 희생하라고 하면 잘못이다. 불공평하게 희생자를 깔고 행복을 얻는 게 과연 바람직한 일일까. 넷 중에서 한 명만 희생자가 되면 그 희생자는 언젠가는 원망을 품게 될 것이니 넷이 함께 노력해야 한다.

같은 공간에서 공동생활을 해야 하는 결혼 생활이 생리적으로 맞지 않는 미혼자들은 결혼에 대해 신중히 고려해 볼 일이다. 그런데 미혼자들은 결혼을 앞두고 결혼 생활에 자신이 적합한지를 고려해보기는커녕 서로 사랑하는 사이니깐 상대자가 자신을 위해 뭐든 해 줄 거라고 착각하는 경우가 많은 듯하다. 특히 여성들이 그런 것 같다. 글쎄, 신혼기엔 가능하려나? 아이가 태어나면 일이 많아져서 남편의 도움이 절실히 필요한데 남편이 도와주지 않아 힘든 상황이 되는 걸 많이 보아 왔다. 육아 문제에 있어서 부부가 함께 해결하려는 마음을 갖지 않으면 결혼 생활이 힘들어진다.

직장에 다니는 주부들에게 이렇게 권하고 싶다. '주부들이여! 엄살 좀 피워라.' 결혼 생활이 원만히 유지되려면 엄살이 필요할 때가 있다. 나의 경우엔 체력이 약한 걸로 무기 삼아 식구들의 협조를 부탁한다. 애들한테 다음과 같이 말한다. "엄마 힘들게 하면 체력이 약해서 직장을 그만둘 수밖에 없어. 그러면 각자 용돈을 줄여야겠지. 그래도 좋아?" 이런 말을 남편에게도 한다. 이렇게 하여 예전보다 협조하는 가족을 만들어 냈다.

내 딸이 훗날 결혼할 때 가족을 위해 희생하며 산 사람을 시어머니로 만나게 되지 않기를 바란다. 그 밑에서 자란 아들과 같이 사는 일이 쉽지 않을 것 같아서다. "당신은 왜 우리 어머니처럼 못해?"라고 말하는 남편과 사는 아내는 얼마나 힘들 것인가.

마지막으로 강조하련다. '주부들이여! 희생자가 되지 말라.' 만약 주부가 희생자가 되면 그 아들이 자라서 나중에 결혼한 뒤 자기 아내에게도 희생자가 되길 바라는 상황이 벌어져 부부간에 마찰이 생긴다. 또 그 딸은 '엄마처럼 살지 않을 거야.'라는 생각을 들게 해서 결혼에 대한 부정적인 시각을 갖게 한다. 가정에서 보고 느끼는 자녀들을 생각해 봐야 한다는 측면에서도 우리 모두 공평한 생활을 지향하는 사람들이 되기를.

희생은 자신이 선택한 것이다

딸아이가 대입 수능 시험을 보고 난 뒤 수시 모집에서 처음 낙방의 고배를 마셨을 때다. 딸아이가 공부를 열심히 했다고 믿었기에 나는 크게 실망했다. 딸아이는 거의 매일, 학교에서 수업을 마치고 곧장 독서실로 가서 공부하여 밤 12시 넘어 집에 돌아왔다. 그러면 나는 자지 않고 기다렸다가 간식을 주고 말벗을 해 주고 새벽 1시가 되어야 잘 수 있었다. 이게 내가 고등학생 자식을 둔 어머니로서 3년 동안 했던 뒷바라지였다. 그런데 불합격이라니. 이 결과 앞에서 나도 모르게 이런 말이 새어 나왔다. “내가 3년간 새벽 1시에 잠자고 새벽밥을 먹인 결과가 불합격이란 말이지."

나의 말에 딸아이가 태연히 웃으며 말했다.

"내가 엄마보고 그냥 자라고 했잖아."

딸아이 말이 맞다. 딸아이는 간식만 식탁에 챙겨 놓고 먼저 자라고 내게 여러 번 말했었다. 그 말을 듣지 않은 건 나였다. 내가 듣기로는 고등학생을 둔 학부모 중엔 자녀를 위해 학교와 학원에 자동차로 데려다 주는 어머니가 있고, 자녀가 밤새워 공부하면 옆에서 뜨개질하는 어머니도 있다는데 공부하느라 밤늦게 귀가하는 딸아이를 기다려 주는 것쯤은 아무 일도 아닌 것 같아 그렇게 해 줬다. 아니 딸아이가 밤늦도록 귀가하지 않았는데도 편히 잘 만큼 내 신경이 무디지 않기 때문에 나를 위한 선택이었다고 할 수 있다. 그러면서도 난 자식으로 인해 취침 시간이 늦어지는 걸 대단한 희생으로 생각했나 보다. 그저 밤잠을 적게 잔 것 빼고는 특별히 뒷바라지한 게 없는데도 딸아이의 낙방에 허탈했으니 나보다 더한 어머니들은 어떨지 짐작이 간다.

자식을 위해 부모가 희생한 대표적인 예가 '기러기 아빠'와 '기러기 엄마'일 것이다. 외국에서 유학하는 자녀를 위해 기꺼이 떨어져 사는 부부들이야말로 자기 인생보다 자식의 인생을 더 중요하게 여긴 이들이겠다. 한데 유학한 자녀가 부모의 기대치에 미치지 못하면 어떻게 될까. 다음과 같은 상상을 해 본다. “너 하나 외국 유학을 시키겠다고 엄마 아빠가 오래 떨어져 살기까지 했는데 결과가 이게 뭐니?”라고 부모가 말했을 때 자녀가 “누가 엄마 아빠한테 그렇게 떨어져 살라고 했어요?”라고 한다면.

설령 자녀가 스스로 외국 유학을 원했다고 해도 이에 동의하고 결정한 것은 부모 자신이다. 자식을 위해서 한 일이라고 해도 사회적으로 성공할 자식을 둔 부모가 되고 싶어서 유학을 보냈다고 여기는 게 좋을 듯싶다. 그래야 대가를 바라지 않게 된다. 자녀가 부모의 바람대로 되지 않았을 경우 부모가 자녀에게 “내가 널 어떻게 키웠는데.”라고 넋두리를 늘어놓는다면 서로 감정이 상할 수밖에 없다.

희생은 부모 자식 사이에서뿐만 아니라 부부 사이에서도 있다. 내가 들은 이야기를 소개한다.

부부 이야기 첫 번째. 남편은 비싼 물건을 사길 좋아하고 아내는 알뜰 주부다. 두 사람은 함께 백화점에 쇼핑을 하러 갔다. 남편은 자기 옷과 선글라스를 값비싼 것으로 샀고 아내는 아무것도 사지 않았다. 집에 돌아온 부부는 싸움이 났다. 아내가 남편에게 한 말은 이러했다. “난 한 푼이라도 절약하며 사는데 당신은 꼭 그렇게 비싼 물건을 사야 돼?” 이에 대해 남편이 말했다. “당신도 비싼 물건 사지 그랬어? 누가 알뜰하래?” 그리고 덧붙였다. “당신이 알뜰해서 하나도 안 고마워. 오히려 그래서 피곤해.” 이 말을 들은 아내는 어이가 없었다고 한다.

부부 이야기 두 번째. 마흔 살이 다 되어 뒤늦게 늦둥이를 낳은 아내의 사연 또한 그와 비슷하였다. 딸 둘을 낳고 나서 그토록 고대하던 아들을 낳았는데, 남편은 애 봐 달라고 하면 피곤한 표정을 지었고 기저귀조차 갈아 주지 않았다. 아내가 남편에게 따졌다. "난 당신이 아들이 없어 허전할까 봐 힘든 걸 감수하고 아들을 낳았어. 그런데 당신은 애를 위해 하는 일이 없잖아." 그러자 남편은 이렇게 응수했다. "누가 아들을 낳아 달라고 했어? 괜히 낳아서 애 울음소리에 밤잠도 못 자게 해." 이 말을 들은 아내는 할 말을 잃었다고 한다.

알뜰한 아내는 남편을 위해서가 아니라 본인이 살림을 알뜰히 꾸리고 싶어서 그렇게 했다고 여겼어야 옳다. 늦둥이를 낳은 아내 역시, 남편을 위해서가 아니라 본인이 남편에게 아들을 낳아 주고 싶어서 그렇게 했다고 여겼어야 옳다. 자신이 한 일에 대해 대가를 바라게 되면 그 상대자를 원망하거나 자기혐오에 빠지기 십상이다.

러시아의 대문호 도스토예프스키는 "자기를 희생하는 것만큼 행복한 일은 없다."라고 했다. 누군가를 위해 희생하고 싶은 마음이 드는 건 분명 행복한 일이다. 이 행복을 불행으로 맞바꾸지 않으려면 희생한 결과에 실망하게 되더라도 그 탓을 상대에게 돌리지 말아야 한다. 희생은 전적으로 자신이 선택한 것이므로.

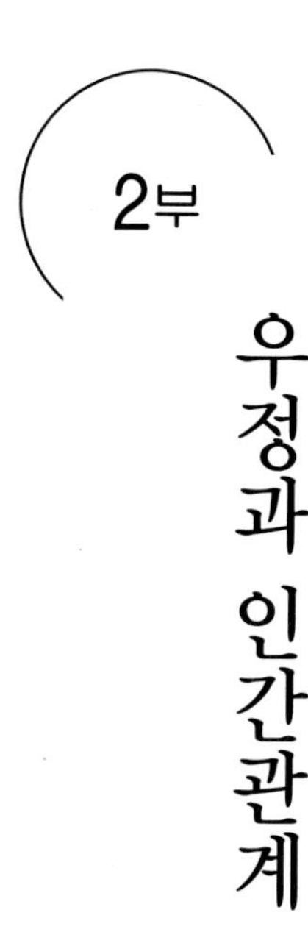

2부

우정과 인간관계

우정이란 이런 것

길을 가다가 다리를 저는 소녀를 봤다. 그 순간 제일 먼저 내 다리가 건강함에 감사했다. 타자의 불행을 보고 위로를 받다니, 상대에게 미안한 마음이 들었다. 인간은 때로 이렇게 이기적이다. 타자의 행복에 대해서도 그렇다. 누군가의 좋은 소식을 접하면 겉으론 축하하면서 동시에 '그런데 나는 뭐지?' 하는 생각이 고개를 쳐든다. 왜 비교하게 되는 걸까?

철학자 에밀 시오랑은 어느 책에서 「모든 우정은 겉으로 드러나지 않는 은밀한 드라마이며 미묘한 상처의 연속이다.」라고 말했다. 이것이 어쩌면 우정에 대해 제대로 말하고 있는 것인지 모르겠다. 친구지간에는 알게 모르게 경쟁심이 작용하며 모든 인간관계는 의도적이든 아니든 상처를 주고 받는 관계라고 할 수 있을 테니.

사람들은 친구에게 나쁜 일이 생겼을 때 위로해 주는 건 어렵지 않은데, 좋은 일이 생겼을 때 진정으로 축하해 주는 건 어렵다고 말한다. 그것은 그를 사랑하지 않아서가 아니라 상대보다 자신을 더 사랑하기 때문이 아닌가 싶다. 남보다 자신을 더 사랑하기에 자기 처지를 우선 생각하게 되어 그런 것이 아닐는지. 그저 친구에게 좋은 일이 생겼다는 사실에만 집중하면 될 텐데. 남이 잘됐다고 해서 자기가 손해 보는 일은 없을 터인데.

주변에 어렵게 살고 있는 친구가 있다면 그로 인해 스트레스를 받을 수 있다. 이를테면 친구가 돈을 꿔 달라고 하거나, 오갈 데 없으니 당분간 얹혀살겠다고 부탁하는 경우 등이다. 이런 일을 겪고 나면 아마 친구가 잘되는 걸 축하해 주는 마음이 저절로 생길 것이다.

진정한 우정은 친구가 슬퍼하면 함께 슬퍼해 주고 친구가 기뻐하면 함께 기뻐해 주는 것이리라.

우정은 정情이오

어느 가을날 대전에서 대학 동창생 모임이 있었다. 네 명이 만나는 모임이다. 서울에서 같은 대학을 다녔음에도 현재 한 명은 대전에서 살고, 한 명은 부산에서 살고, 나랑 한 친구만 서울에서 살고 있다. 그러니 한 번 모이려면 여간 성의가 필요한 게 아니다. 한 친구와 난 서울에서 대전으로 갔고, 한 친구는 부산에서 대전으로 와야 했으며, 대전에 사는 친구는 대전역으로 우리를 마중 나와야 했다. 대전이 중간 지점이므로 우리는 그렇게 만났다.

서로 멀리 떨어져 살아 일 년에 두세 번밖에 만나지 못해서 우리는 만나면 크게 웃으며 한 번씩 껴안는 버릇이 있다. 반갑다는 표현이다. 당일 코스의 만남이어서 시간이 흐르는 게 아깝고 할 말은 많은 까닭에 마음은 급해진다.

오랜만에 친구들과 함께하는 시간에 먹는 즐거움이 빠질 수 없다. 우리는 숯불에 굽는 소고기와 술을 주문할 수 있는 음식점으로 향했다. 식당의 앞마당에 식탁과 의자가 있고, 호수가 있고, 고운 빛깔의 단풍잎들이 달려 있는 나무들이 있으며, 게다가 호수에 비친 단풍잎들이 있어 한 폭의 그림 같은 곳에서 점심을 먹을 때였다. 그날따라 비가 오기도 했고 햇살이 반짝거리기도 하여 여러 얼굴의 풍경들을 볼 수 있었다. 그런 가을 풍경에 반해 우리 네 명은 모두 환성을 질렀는데 반가운 친구들과 함께 있다는 흥분도 한몫했다. 맛있는 음식을 먹으며 맥주를 마셨고 떠들며 마음껏 웃어 댔다. 서로 자기가 음식값을 지불하겠다고 해서 한바탕 웃기도 했다.

맥주가 가득 찬 유리컵을 들고 건배를 할 때 우리는 특이하게 이렇게 주고받는다. 한쪽에서 “이것이 술이오?”라고 물으면 다른 쪽에서 “아니요.”라고 대답한다. “그럼 뭐요?”라고 물으면 “정이오.”라고 대답한다. 그리고 깔깔깔 웃는다.

점심을 먹고 나서 한 친구가 잘 아는 호프집이 있다고 하여 생맥주를 마시러 갔다. 우리가 주문한 골뱅이무침과 계란탕을 다 먹을 무렵에 무료 서비스라며 김치찌개가 나왔다.

우리가 물었고 그 호프집 주인이 답했다.

"이것이 김치찌개요?"

"아니요."

"그럼 뭐요?"

"정이오."

그리고 깔깔깔 웃었다.

또, "나는 정 주고 떠난 사람이 제일 미워."라고 얘기하는 한 친구 말에 다 같이 깔깔깔 웃어 댔다.

생맥주를 마시기 전에 대전에서 사는 친구가 옷가게를 해서 거길 들러서 옷을 팔아 주기도 했다. 나는 두꺼운 울 카디건을 샀다. 더 비싼 옷인데 깎아서 12만 원이라고 한다. 싱글인 친구에게 "너도 골라, 내가 사 줄게."라고 했다. 그랬더니 그 친구는 4만 원짜리 바지를 골랐다.

그 친구가 생맥주를 마시다가 갑자기 내가 사 준 바지를 가방에서 꺼내며 하는 말이 웃겨 죽는 줄 알았다. 원래는 그 친구가 "이것이 바지요?"라고 물으면 우리 셋은 "아니요." 하고, 그 친구가 "그럼 뭐요?"라고 물으면 우리 셋은 "정이오." 하고 말해야 했다. 그래야 내가 그 친구에게 준 게 단지 바지가 아니라 '정'이 되는 것이다. 그런데 그 친구가 다음과 같이 변형하여 말해서 우리 모두 박장대소했다.

그 친구 : 이것이 바지요?

우리 셋 : 아니요.

그 친구 : 그럼 치마요?

깔깔깔. 얼마나 웃었던지 눈물이 다 나왔다.

앞으로 친구에게 점심으로 갈비탕을 사 줄 적에도 이러한 말을 주고받아야겠다.

"이것이 갈비탕이오?"

"아니요."

"그럼 뭐요?"

"정이오."

칼릴 지브란의 〈예언자〉에 다음과 같은 글이 있다.

「친구는 그대들의 공허함을 채우는 존재가 아니라, 그대들의 부족함을 채우기 위한 존재가 되어야 합니다.

그러니 기쁨을 함께 나누면서 우정의 따스함 속에 웃음이 깃들도록 하십시오.

마음은 하찮은 이슬 한 방울에서도 아침을 발견하고 생기를 되찾기 때문입니다.」

그날 우리는 칼릴 지브란의 말처럼 기쁨을 함께 나누면서 우정의 따스함 속에 웃음이 깃들도록 했고, 마음은 하찮은 이슬 한 방울에서도 아침을 발견하고 생기를 되찾았다.

이 책에 이런 글도 있다.

「그대들 가운데 어떤 이는 즐거움이 전부인 것처럼 추구하다가 비판을 받고 질책을 받습니다.

허나 나는 이들을 비판하거나 질책하지 않겠습니다.

오히려 즐거움을 추구하도록 이들을 격려하겠습니다.

이들이 즐거움을 찾더라도 즐거움 하나만을 얻지는 않을 것이기 때문입니다.」

우리가 그날에 주고받은 것이 어찌 즐거움뿐이랴. 칼릴 지브란의 말처럼 즐거움을 찾더라도 즐거움 하나만을 얻지는 않을 것이기 때문이다.

배려에 관하여 1

누군가에게 도움을 주게 되는 경우가 있다. 그 상대가 친구일 수도 있고 이웃일 수도 있다. 문제는 도와주려는 자기 마음에도 불구하고 상대의 기분이 상할 수 있다는 점이다. 도움이라는 것의 의미는 주관적 판단에 따른 것이기에 한쪽에서 생각한 그 '도움'이 상대방에겐 역효과가 날 수 있기 때문이다.

친구한테 들은 얘기가 있다. 키가 커진 아이들이 입지 못하는 옷들을 모아 이웃에게 갖다주었다고 한다. 옷도 낡지 않고 다만 크기가 맞지 않아 버리기 아까운 옷이라 당연히 고마워할 줄 알았다는 게 그 친구의 말이었다. 그런데 결과는 뜻밖이었다. 그 이웃 사람이 그 옷들을 거절하더란다. "난 우리 애들한테 남이 입던 옷 안 입혀요." 하고 냉정한 말투로 불쾌한 기분을 표출하는 것을 보고는 그 친구는 멍해졌다고 한다.

나는 깜짝 놀랐다. 나도 우리 애들이 입지 못하는 옷들을 추려 이웃에게 갖다주어서다. 어디 옷뿐이랴. 우리 애들이 학년이 바뀌어 필요 없게 된 책들도 갖다주었기에 적지 않은 충격을 받았다. 혹시 내게서 받았던 그 사람도 언짢은 걸 억지로 참고 받은 건 아닐까 하는 생각이 스쳤다.

또 이런 얘기도 들었다. 한 친구가 어떤 모임에 갔다가 모임이 파해 귀가할 때였다. 본인만 빼고 모두 차를 갖고 왔는데, 그중 한 사람이 차가 없는 본인에게 집까지 바래다주겠다고 큰 소리로 말했다고 한다. 배려해 준 것은 고마웠으나 그 말을 하는 바람에 다른 이들이 자신이 차가 없다는 걸 알게 된 게 문제였다. 그 친구는 차가 없는 자기 처지를 자각하게 되면서 자존심이 상하더란다.

철학자 한나 아렌트에 따르면 '악'은 평범한 것으로 '사유하지 않음'에서 시작된다. 타인의 마음을 헤아리려고 노력하지 않는다면 우리 타인에게 상처를 주게 된다. 선의로 한 말인데도 마치 험담처럼 상대방에게 마음의 병을 앓게 할 수 있음을 고려할 때 인간관계가 좋기란 얼마나 어려운 일인지 새삼 깨닫게 된다. 어쩌면 우리가 살면서 불쾌하거나 상처받는 일은 대부분 '말'에서 비롯되는 게 아닐까 싶다. 말은 멀리 있는 사람에게도 독기를 품어낼 수 있다. 가령 자기에 대해 다른 사람이 험담한 사실을 제삼자의 전화로 전해 받고선 괴로워할 수 있다.

우리 모두는 자기 나름의 열등감을 안고 산다. 그러므로 남에게 말할 땐 주의가 따르는 건 당연한 일이다. 우리 주위엔 가난함에 열등감을 가진 이도 있고 외모나 학벌에 열등감을 가진 이도 있다. 자신에게 열등감이 있는 부분에 대해선 남이 무심코 던진 말도 민감하게 받아들인다. 한 예로 대학을 가지 못한 이에게 어느 대학을 졸업했냐고 물어 상처를 줄 수 있다.

사물을 보는 시각은 각자의 삶에 따라 저마다 다를 수 있다. 만약 방송을 통해 내일 비가 온다는 일기 예보를 접한다면 직장인은 내일 출근할 때 우산을 챙겨야 한다고 생각하고, 우산 장수는 내일 우산이 얼마나 팔릴지를 기대하며, 비가 새는 집에 사는 이는 내일 지붕이 샐 것을 걱정할 것이다. 지붕이 샐 것을 근심하는 가난한 이에게 비 오는 날의 낭만을 얘기하며 비가 많이 왔으면 좋겠다고 늘어놓는 이가 있다면 그의 마음이 불편해질 수 있다.

타인과 세상에 대하여 관심을 가져야 함은, 인간은 혼자 사는 게 아니라 타인들과 더불어 살아야 하는 사회적 존재라서다. 의도하지 않았지만 남에게 상처를 주는 현실이 안타깝기는 하다. 열등감이란 따지고 보면 우열을 가리는 우리 사회의 산물이니.

그러나 어쩔 수 없이 우열을 가리게 되는 이 치열한 경쟁사회에 우리는 살고 있다. 최소한 누군가에게 치유될 수 없는 응어리가 생기게 하지는 말아야 한다. 배려가 절실한 이유다. 만일 배려함으로써 누군가에게 정신적 스트레스를 주는 일이 예전보다 줄어든다면 그것은 좋은 사회를 향해 한 걸음 나아가는 걸 의미할 것이다.

배려에 관하여 2

조금도 과장하지 않고 내가 경험한 걸 그대로 말하려 한다. 어느 날 옆구리에서 통증이 느껴져 몸에 큰 병이 생긴 게 아닌지 걱정하며 병원에 가기 위해 버스를 탔다. 교통카드가 없어서 현금으로 내기 위해 운전기사에게 버스 요금이 얼마인지 물었다. 운전기사는 "안녕하세요, 어서 오세요." 그러고는 버스 요금을 말해 주었다. 운전기사의 활기찬 목소리에는 친절함이 담겨 있었다. 그때 병원에 가는 길이라 우울했는데 운전기사의 그 인사말에 나의 우울함이 깨끗이 사라져 버렸다. 말 한마디에 기분이 확 바뀐 나 자신에게 놀랐고 작은 친절의 위력에도 놀랐다.

그 운전기사가 참 고마웠다. 만약 운전기사가 버스 요금을 묻는 나에게 요금도 모르냐고 짜증 섞인 말투로 말했다면 근심이 가득해서 어두웠던 내 기분이 더 어두워져 버렸을 것이다. 친절은 상대방을 배려하는 마음에서 생긴다. 어쩌면 우리에게 가장 필요한 미덕은 배려가 아닌가 싶다.

어렸을 적에 집으로 가는 길을 잃고 헤매다가, 지나가는 이에게 길을 물은 적이 있다. 그 당시 내게 친절하게 설명해 준 사람이 있었기에 집을 찾아올 수 있었다. 그가 혹시 나를 도와주기 위해 하늘에서 잠시 내려온 천사일지 모른다고 훗날 생각해 보곤 했다. 그런 사람을 만나지 못했더라면 난 미아가 되었을지 모르는 일이다. 어른이 되어서도 친절한 이를 보면 천사일까 상상하곤 한다. 누군가에게 천사처럼 보인다는 건 멋진 일이리라. 때로는 선물을 받는 것보다 선물을 주는 게 더 즐겁듯이, 천사를 만나는 것보다 천사가 되어 보는 게 더 즐거울 수 있다.

인간은 선악이 공존하는 존재다. 아무리 선행을 많이 베푸는 자일지라도 마음 한구석엔 이기심이 있으며, 아무리 악행을 많이 저지른 자일지라도 마음 한구석엔 이타심이 있다. 그래서 잔인하게 강도질을 벌인 자가 애인에게는 최선을 다하는 모습이 하나도 이상하지 않다. 남을 협박하며 괴롭혔던

자가 어머니 앞에선 참회의 눈물을 흘리기도 한다. 그러므로 사람을 선한 이와 악한 이로 나누기보다는 남을 배려할 줄 아는 이와 배려할 줄 모르는 이로 나누는 편이 옳을 듯하다. 선인과 악인으로 이분하는 게 어렵기도 하거니와, 타인을 얼마나 배려하느냐 하는 것이 인간관계에서 중요해서다.

배려가 없는 이들은 우리의 눈살을 찌푸리게 만든다. 지하철에서 큰 소리로 전화 통화를 하는 이, 음식점에서 자녀가 떠들어도 주의를 주지 않는 이, 금연 구역에서 담배를 피우는 이가 그러한 사람들이다.

갑질이 심각한 사회 문제로 대두되는 요즘이다. 누구든 항상 '갑'일 수는 없다. '갑'이 '을'이 되기도 하고 '을'이 '갑'이 되기도 한다. 예를 들면 사회적 지위가 높은 모 회사의 사장은 회사에서 갑이지만 자녀가 교칙을 위반하여 퇴학을 당할지 모를 위기에 처하면 학교 선생님 앞에서 을이 된다. 이와 반대로 회사에서 을이었던 사람이 백화점에 가면 갑의 대접을 받는다. 어떤 이가 배려심이 있는 사람인지 아닌지 알아보는 방법은 의외로 간단하다. 그가 갑의 위치에 있을 때 을의 위치에 있는 사람을 대하는 태도를 보면 된다. 갑질은 배려심이 전혀 없는 사람임을 스스로 나타내는 셈이다.

타자의 입장에서 생각하고 배려하는 태도를 갖는 것. 이는 인간이란 너 나 할 것 없이 부족한 점이 많은 존재라는 걸 자각하는 것에서부터 시작된다고 본다. 인간은 얼마나 불완전하고 나약한가. 만일 서로 배려하려고 노력한다면 우리의 불행이 절반으로 줄어들지 않을까 싶다. 인간관계 속에서 많은 불행이 생기기 때문이다. 오히려 먼 타인보다 친숙한 관계에 있는 이들을 배려하는 게 쉽지 않아, 가족이나 가까운 친구에게 가시 돋은 말을 하여 상처를 주기도 한다. 사랑하는 가족이 밖에서 상처받는 일을 당한다면 누구나 속상할 터이다. 자신부터 배려심이 깊은 사람으로 살기 위해 노력해야 하는 이유다.

배려심을 염두에 두고 다음 명언들을 음미해 볼 만하다.

"지혜로운 사람은 이해관계를 떠나서 누구에게나 친절하고 어진 마음으로 대한다. 왜냐하면 어진 마음 자체가 자신에게 따스한 체온이 되기 때문이다."(파스칼) "남을 때린 자는 밤잠을 이루지 못하는 법이다. 남에게 친절하고 관대한 것이 내 마음의 평화를 유지하는 길이다."(플라톤)

남을 이롭게 하는 것이 본인에게도 이로운 법이다.

호의에 응하는 것도 호의

우리는 곧잘 타인으로부터 이해받지 못할 때 입장을 바꿔 생각해 보라는 말을 한다. 자신을 어떤 처지에 놓느냐에 따라 달리 인식되기 때문이다. 한 예로 직장에서 내가 휴식을 취하면 재충전이지만 남이 휴식을 취하면 근무 태만이다. 이렇듯 본인에겐 긍정적으로, 타인에겐 부정적으로 보는 수가 많다.

인간은 '편견의 노예'라는 말이 있다. 그만큼 한쪽으로 치우친 생각이 굳어지면 그것을 바꾸기란 쉬운 게 아니다. 그래서 사물의 본질을 꿰뚫지 못하고 진실을 왜곡하는 경우가 많아 본인의 위치를 상대의 위치로 이동하여 상대의 입장이 되어 보는 건 인간관계에서 꼭 필요하다. 이것은 모든 사물을 주관적으로 보게 되는 우리 시각을 객관화시켜 보는 일이다.

언젠가 지인한테서 들은 얘기가 있다. 자기는 인복이 없다는 것이다. 그렇게 여기는 이유는 누군가에게 아무리 잘해줘도 상대방은 자기에게 잘하지 않는단다. 가령 밥을 사 줘도, 차에 태워 운전하여 집까지 바래다줘도 상대방은 말로만 고맙다고 할 뿐, 이에 대한 답례가 없으니 섭섭한 마음이 생기더란다. 나도 그런 경험을 한 적이 있다.

우리가 누군가에게 호의를 베풀 땐 그 대가를 바라지 않을 때가 많다. 그저 선의로 좋아서 했을 뿐이다. 문제는 막상 답례가 없으면 서운해진다는 점이다. 자기도 모르게 보상을 받고 싶어지고 보상이 없으면 왠지 무시당한 느낌이 들기도 한다.

이런 일이 있었다. 한 친구가 남편이 회사에서 승진했다며 점심으로 한턱을 내겠다고 나를 포함 친구 넷을 어느 고급 음식점으로 초대했다. 그날따라 비가 오고 내 컨디션이 좋지 않아 외출하기가 귀찮았지만 안 나가려니 찜찜하여서 할 수 없이 나갔다. 점심을 먹는 자리에서 흔쾌히 그 경사스러운 일에 축하를 해줬음은 물론이다. 한데 돌아오는 길에, 축하를 해 주기 위해 이 귀찮은 외출을 했던 나에 대해 그 친구가 고마워할까 하는 의문이 들었다. 이는 한턱을 낸 사람만 호의를 베푼 게 아니라 그것에 응해 준 나도 호의를 베풀었다고 여겨서다.

그 일 이후로 내가 과거에 베푼 것이 상대편에겐 부담감을 줄 수 있다는 사실을 깨달았다. 내가 베푼 걸 받아 준 상대편도 어쩌면 선심을 쓴 것일 수 있음을 알게 되니 보답이 없다고 서운하지 않게 되었다. 사람에 따라서는 내키지 않아 호의를 거절하고 싶기도 할 테니.

누구에게 밥을 샀다면 그걸 맛있게 먹어 준 그에게 감사하고, 또 누구에게 선물을 했다면 그걸 고맙게 받아 준 그에게 감사할 일이다. 자신이 베푸는 즐거움을 실컷 누리도록 해 준 모든 이에게 감사할 일이다. 호의에 응하는 것도 호의이므로.

해서는 안 될 말

머리를 자르고 싶은데 단골 미용실이 쉬는 날이라서 다른 미용실에 들어갔다. 그곳 원장은 머리를 자르기 전에 거울로 내 단발머리를 보더니 퉁명스럽게 말했다. “이 머리 어디서 자르셨어요? 오른쪽과 왼쪽의 머리 길이가 다르잖아요. 잘못 자른 거예요.”라고.

나는 “아, 그래요.”라고만 답했다. 그 원장은 내 머리를 잘랐던 미용사의 기술을 깎아내림으로써 자신의 미용 실력을 돋보이게 하려고 그렇게 말했는지 모르겠다. 앞으로 나를 그 미용실에 다니게 만들려고 그렇게 말했는지도 모른다. 하지만 난 남을 깎아내리는 사람을 신뢰하지 않는 편이다.

정약용의 〈정선 목민심서〉에 이러한 글이 있다. 「'전임자와 후임자의 교대'에는 동료로서의 우의가 있어야 하니, 내가 내 후임자에게 당하기 싫은 일은 나도 나의 전임자에게 하지 않아야 원망이 적을 것이다. 전임자의 흠이 있으면 덮어주어 나타나지 않도록 하고, 또 죄가 있으면 도와주어 죄가 되지 않도록 해야 한다.」

예전에 살던 아파트에선 매달 '반상회'라는 게 있었다. 반상회가 열린 그 집에 들어서니 거실에 운동 기구가 있었다. 러닝머신과 비슷해 보였는데 산 지 얼마 되지 않은 듯 새것 같았다. 모여든 이웃들은 그걸 보며 집주인에게 한마디씩 했다. 가격이 얼마인지, 매일 운동하는지, 이걸로 운동하면 과연 살이 빠지는지 등등. 한데 갑자기 누군가 그 운동 기구의 단점을 지적하고 나섰다. 무릎 관절에 무리를 준다면서 바꿀 수 있으면 다른 상품으로 바꾸라고 말한 것이다. 그 얘기를 들은 집주인은 마음이 상했는지 표정이 좋질 않았다.

나도 비슷한 경험이 있다. 내가 안구 건조증이 있어서 컴퓨터 화면을 많이 보면 눈의 피로를 느끼는데, 안구 건조증 예방에 블루베리가 좋다는 걸 알고 블루베리 과즙 한 박스를 산 날이었다. 그것을 들고 오다가 집 부근에서 이웃을 만났다. 그는 나와 눈이 마주치자 "블루베리를 사셨군요. 요즘 가짜가 많다는데."라고 말했다. 나는 미소만 짓고는 그냥 돌아섰지만, 은근히 부아가 치밀었다. 그리고 이런 생각을 했다. '그래서요, 이미 샀는데 나더러 어쩌라고요. 가짜일까 하고 의심하며 스트레스를 받으면서 블루베리를 먹으란 말인가요? 설마 그게 당신이 바라는 건 아니겠지요?'

〈탈무드〉에 따르면 다음 두 가지 경우에는 거짓말을 해도 된다. 첫째, 어떤 사람이 이미 사 놓은 물건이 어떻냐고 물을 때다. 설령 물건이 나쁘더라도 좋다고 말해도 된다고 한다. 둘째, 갓 결혼한 부부를 만났을 때다. 이때도 "부인이 아주 미인이십니다. 두 분이 아주 잘 어울리는군요."라고 거짓말을 해도 된다고 한다. 이 같은 상황에선 거짓말을 하더라도 상대의 기분을 좋게 해 주는 것이 아름다운 일이겠다.

'배워서 남 주나.'라는 말이 있다. 이는 무엇이든 배우고 나면 바로 자신에게 유리하니 열심히 배워 두라는 말이다. 난 이렇게 말하고 싶다. 배우면 남도 이롭게 하고, 배우지 않으면 남을 해롭게 한다고. 예컨대 배려를 배우면 타인을 이롭게 하고, 배려를 배우지 않으면 타인에게 해를 끼친다. 나도 '해서는 안 될 말'을 한 적이 있었으리라. 배움에는 끝이 없는 법, '해서는 안 될 말'이 있음을 꼭 기억해 놓고 말할 때 신중하기로 한다.

우리는 어쩔 수 없이 세상에 해로운 영향을 끼치며 산다.

오늘 나만 해도 그렇다. 샤워하면서 물을 많이 썼으니 지구의 소중한 자원을 소비했다. 쓰레기를 많이 버렸으니 지구를 더럽혔다. 산책하면서 땅바닥의 개미를 밟았으니 귀한 생명을 죽였다.

누구나 살면서 물을 쓰지 않을 수 없고, 쓰레기를 버리지 않을 수 없고, 개미를 밟지 않을 수도 없으니 이것들은 피치 못할 일들이다. 그러나 타인에게 해서는 안 될 말을 삼가는 것은 노력하면 될 일이다.

인간 이해의 어려움

〈장자〉에서 이런 글을 읽었다.「말(馬)을 사랑하는 사람이 있었는데, 좋은 광주리로 말똥을 받고, 큰 대합 껍데기로 말 오줌을 받을 정도였습니다. 말 등에 모기가 앉는 것을 보고 갑자기 말 등을 때렸습니다. 놀란 말이 재갈을 벗고 야단하는 바람에 '말 사랑하던 사람의' 머리를 깨고 가슴을 받았습니다. 말을 사랑하는 뜻은 극진하지만 사랑하는 방법이 잘못이었습니다. 어찌 조심하지 않을 수 있습니까?」

이는 말(馬)을 극진히 사랑하는 자가 잘못된 방법으로 말을 보살펴서 말이 그를 해치는 엉뚱한 결과를 초래했다는 이야기로, 사랑하는 일에는 올바른 방법을 택해야 함을 깨닫게 해 준다. 올바른 사랑법을 택하려면 우선 말에 대하여 잘 알아야 한다. 이를테면 말은 등을 때려 놀라게 하면 재갈을 벗을 정도로 길길이 날뛰는 성질이 있음을 짐작할 수 있어야 했다는 것이다.

어디 말뿐이겠는가? 사랑하는 마음만 갖고 있어서는 안 되며 대상에 대해 똑바로 알아야 제대로 사랑할 수 있는 건 인간 세계에서도 마찬가지다. 예를 들면 누구에게 호의나 사랑을 베풀고 싶다면 적절한 방법을 찾아 좋은 결과를 낳을 수 있도록 상대방의 성격이나 취향 등을 충분히 알고 있어야 한다.

인간에 대한 이해가 부족한 탓으로 불행한 일이 생기는 수가 많다. 그러한 사례 네 가지를 들어 보면 다음과 같다.

새어머니가 키우고 있는 유치원생 아이에게 갑자기 생모가 나타나서 "내가 너를 낳아 준 진짜 엄마다."라고 말했다. 그랬더니 그 아이가 큰 충격을 받아서 뇌에 장애가 생겨 실어증에 걸리고 말았다. 어린아이에게 그렇게 말하는 것은 위험할 수 있음을 예견해야 했다.

공부를 하지 않고 밖으로 돌아다니는 고등학생 아들에게 아버지가 호되게 야단치며 따귀를 때렸더니 아들이 가출을 하였다. 그 아들에겐 심하게 꾸짖으면 오히려 역효과가 날 수 있음을 추측해야 했다.

어느 집에 강도가 들어왔는데 집주인이 강도에게 화를 내고 먼저 폭력을 휘둘러서 한 대 맞은 강도가 크게 흥분해서 집주인을 죽이게 되었다. 그 강도는 처음엔 사람을 죽일 마음이 없었다고 한다. 강도를 흥분시키면 안 된다는 걸 헤아려야 했다.

악성 댓글을 받은 이가 괴로워하다가 우울증이 심해져서 자살을 했다. 함부로 던지는 돌에 어떤 이는 죽을 수도 있음을 헤아려야 했다.

친구나 가족 관계에서도 상대편이 어떻게 말해야 좋아하는지, 어떤 말에 기분이 상하는지 등을 예상할 수 있어야 한다. 상처를 주지 않기 위해서라도 상대편에 대한 배려와 예의는 필수 조건이다. 인간에 대한 이해는 우리 모두 반드시 관심을 가져야 한다고 생각한다. 왜냐하면 우리가 사는 세상은 여러 사람이 다양하게 얽혀 있어서 인간에 대한 이해는 곧 세상에 대한 이해이기 때문이다.

그러나 우리가 알고 지내는 사람들 개개인에 대하여 올바르게 이해한다는 건 매우 어려운 일이다. 다만 우리가 인간에 대한 이해가 부족하다는 사실을 인지하는 것만으로도 남에게 과오를 저지르는 횟수를 줄일 수 있다고 믿는다.

타인을 이해하는 게 가능할까

"내가 그런 뜻으로 말한 게 아닌데 네가 오해했구나. 기분 나빴다면 미안해." 이런 말을 건넨 경험이 누구나 있음직하다. 한쪽은 상대방의 말을 잘못 받아들여 기분이 좋지 않고 다른 한쪽은 오해가 생긴 것에 사과를 한다. 타인을 이해하지 못해 의사소통이 안 된 경우다.

사십 대인 지인이 암을 앓다가 세상을 떠나 문상을 하러 간 적이 있었다. 장례식장에 가면서 내 슬픔은 차치하고 무엇보다 큰 슬픔에 잠겨 있을 고인의 어머니를 어떻게 봐야 할지 난감하였다. 혹시 자식을 잃은 어머니가 큰 충격으로 병이 나신 건 아닌가 하고 걱정이 되기도 했다. 장례식장에 들어서자 뜻밖에도 고인의 어머니가 문상객들을 환한 웃음으로 대하는 걸 보고 나는 충격을 받았다. 상상 밖의 일이었다. 아직 젊은 나이에 죽은 지인이라 안타까움이 더 커서 나의 상상으로는 자식의 죽음 앞에 어머니가 기절을 하든지 아니면 삶의 의욕을 잃은 침울한 얼굴을 하고 있어야 마땅했다. 나중에 남에게서 전해 들었다. 그 어머니는 죽은 딸이 천당에 간 것으로 여긴다는 거였다. 난 그 어머니를 이해할 수 없었다.

알베르 카뮈의 소설 〈이방인〉에는 비상식적이고 솔직한 인물이 나온다. 그의 이름은 뫼르소다. 그는 양로원에서 지내던 어머니의 부음 소식을 알리는 전보를 받고도 평소와 다름없이 식당에서 태연히 점심을 먹는다. 또 아랍인을 권총으로 쏘아 죽이고 나서 살인 동기에 대하여 「그것은 태양 때문이었다.」라고 말한다. 이런 뫼르소를 우리는 이해할 수 있을까?

마침내 뫼르소에게 사형 선고가 내려진다. 검사는 다음과 같이 말한다. 「배심원 여러분, 어머니가 사망한 바로 그다음 날에 이 사람은 해수욕을 하고, 부정한 관계를 맺기 시작했으며, 희극영화를 보러 가서 시시덕거린 것입니다. 나는 더 이상 할 말이 없습니다.」

검사의 말뜻을 헤아리면 이러하다. '어머니가 사망한 바로 그다음 날에는 해수욕을 해서는 안 되고, 이성과 부정한 관계를 맺어서는 안 되며, 희극 영화를 보러 가서 시시덕거려서는 안 된다. 어머니의 죽음 뒤에 그런 행동을 하면 정상적인 인간이 아니며 도덕적인 인간이 아니다. 그러므로 살인을 한 뫼르소에게 무기 징역이 아니라 사형 선고가 내려지는 게 마땅하다.'

정상인과 비정상인으로 나누는 이분법적 사고는 우리가 모두를 완전히 이해할 수 있음에 근거한다. 그러나 우리는 모두를 완전히 이해할 수 없다. 인간은 각기 다르기 때문이다. 살아온 삶이 다르고 사고방식이 다르며 생활 방식이 다르다. 그래서 타자에 대해 완전히 알기란 불가능한 일임에도 한 가지 잣대로 정상적인 사람인지 아닌지를, 또는 도덕적인 사람인지 아닌지를 판단하는 것 자체가 잘못이다.

우리는 공중을 날아다니는 잠자리의 기분을 알 수 없으며, 바닥을 기어 다니는 개미의 기분을 알 수 없다. 그것을 알려면 잠자리가 되어 보아야 하고 개미가 되어 보아야 한다. 마찬가지로 누군가를 제대로 알려면 그와 똑같은 삶을 살아 봐야 한다. 하지만 어떻게 똑같은 삶을 살 수 있겠는가.

일례로 하늘에서 내리는 '눈'을 제각각 다른 시각으로 보는 것은 각자 다른 삶을 살아서다. 눈사람을 재밌게 만들었던 누구에게는 눈이 즐거운 추억을 떠오르게 한다. 하지만 눈사태로 가족을 잃었던 누구에게는 눈이 끔찍한 사건을 떠오르게 한다. 같은 '눈'이지만 이렇게 다르게 받아들일 수 있다. 그러니 남에게는 자신이 모르는 부분이 있다는 사실을 인정해야 한다.

우리는 납득할 수 없는 타인에 대해 우선 이해하려는 자세를 가져야 하겠지만 그래도 납득하기 어려울 땐 이해를 포기하는 것이 옳다. 선불리 단정하여 오해하지 않기 위해서다.

남들이 보기에 엉뚱하고 우스꽝스러운 뫼르소. 상식적으로 납득하기 어려운 이가 있을 때 그에 대해 속단하지 말고 차라리 '뫼르소처럼 이해할 수 없는 사람이네.'라고 생각하는 게 현명할 것 같다.

어떤 오해

60대로 보이는 여자 손님이 약국에 감기약을 사러 들어왔다. 30대 가량의 약사인 남자는 감기약을 주면서 식후에 하루 세 번 먹으라고 말했다. 손님은 약값을 지불하고 약국을 나오면서 약 포장지에 쓰여 있는 '온수 복용'이라는 글자를 발견하곤 약사에게 되돌아가서 "꼭 따뜻한 물로 약을 먹어야 하나요?" 하고 물었다. 약사는 짜증스러운 표정으로 "꼭 그럴 필요는 없습니다."라고 답했다.

손님은 한 가지를 더 물었다. "이 약, 날짜는 안 봐도 되지요?" 그러자 약사는 화가 난 목소리로 "제가 날짜를 보여 드

릴까요?" 하며 조금 전 약을 꺼냈던 큰 상자를 가지고 와서 상자 겉에 표기된 유통 기한을 보여 주었다. 손님은 됐다고 하면서 인사하고 약국을 나갔다. 약사의 불친절한 태도에 기분이 상했지만 참는 듯했다.

내가 본 것은 여기까지다. 두 사람을 보면서, 약사가 손님의 말을 오해함으로써 의사소통이 잘되지 않아 서로 기분이 언짢아진 거라고 느꼈다. 내가 느낀 대로 말하면 이러하다.

첫째, 손님이 질문한 '온수 복용'은, 꼭 따뜻한 물로 먹어야 하는지가 단지 궁금해서 물었다. 그런데 약사는 그 약을 식후에 하루 세 번 먹으라고 설명을 다 해 주었는데도 손님이 또 묻자 짜증이 났다. 자신이 온수 복용에 대한 설명을 빠뜨린 실수를 손님이 지적한 것으로 받아들였기 때문이다.

둘째, 손님이 질문한 '날짜'는, 혹시 유통 기한이 지난 약으로 사게 될까 봐 걱정이 되어 그저 확인차 물었을 뿐이다. 한데 약사는 자기가 유통 기한이 지난 약을 주었을까 봐 손님이 의심해서 물은 것으로 받아들였다. 즉 약사는 자신을 신뢰하지 않은 손님의 태도에 화가 났던 것이다.

내가 두 사람에 대하여 잘못 추측했는지 모른다. 확실한 건 이와 비슷한 일은 얼마든지 일어날 수 있다는 사실이다. 때때로 우리는 남이 의도한 것을 읽지 못함으로써 오해할 뿐 아니라 남이 의도하지 않은 걸 읽음으로써 오해한다. 우리는 왜 상대가 의도하지 않은 것도 읽어서 본인은 물론이고 상대까지 마음 상하게 하는 것인지.

인간의 마음을 제대로 읽는 일. 이것의 중요성을 새삼 깨달은 날이다.

왜 한쪽에서만 보시나요

우리는 흔히 '자연 보호'라는 말을 사용한다. 인간에 의해 자연이 훼손되는 일이 많아 생겨난 말이다. 여기에 자연이 소중하다는 뜻이 담겨 있다고 해도 보호하자는 말은 옳지 않다고 생각한다. 인간을 자연보다 우위에 놓고 인간이 자연을 지배하고 있다는 뜻도 담겨 있어서다.

사실 '자연 보호'는 인간 중심주의에서 생긴 말이다. 인간이 우주의 중심이며 궁극의 목적이라고 여겨서 인간을 주체로 보고 자연을 객체화시킨 결과다. 우리는 이러한 사고에 익숙하다.

자연의 일부인 곤충에 대해서도 인간 쪽에서만 보는 듯싶다. 예를 들면 매미의 삶에 대한 시각이 그렇다. 매미는 보통 유충으로 6~7년 동안 땅속에서 지낸 뒤에 지상으로 올라와 성충이 되어 1~3주 만에 죽는다. 즉 유충으로 길게 살다가 성충이 되어서는 짧게 살다가 죽는다. 이를 두고 지상에서의 짧은 생을 살기 위해 긴 시간을 지루하게 땅속에서 살았다는 걸로 해석해 놓은 여러 사람의 글을 읽은 적이 있다. 이는 매미의 의미 있는 삶을 땅 위의 삶으로만 보는 인간 중심적인 사고라고 할 수 있다.

한쪽에서만 보고 생각하는 건 인간관계에서도 나타난다. 우리는 남에 대해 배려가 없는 이에게서 상처를 받을 때가 있는데, 이 같은 일도 서로 자기 입장에서만 보는 시각 때문인 경우가 많다. 예를 들면 다음과 같다. 갑과 을 두 사람이 동업하여 회사를 차렸다. 그런데 서로 본인이 회사를 위해 한 일만 중요시하고 상대방이 한 일은 중요시하지 않는다. 갑은 본인 자본금이 을의 것보다 더 많이 들어간 회사이니 자기 덕이 크다고 말하고, 을은 이 회사를 차리자고 아이디어를 맨 처음 낸 건 자신이니 자기 덕이 크다고 말한다. 갑은 자신이 먼저 출근하고 늦게 퇴근하니 본인이 을보다 더 많이 일한다고 내세우고, 을은 회사에 큰 수익을 올린 계약을 본인이 해냈다고 내세운다. 이렇게 자기편에서만 보니 동업을 하면 깨지는 일이 흔한 게 아닐까.

그런 현상은 친구 관계에서도 간혹 생긴다. 두 사람이 만나 자동차를 타고 음식점에 가서 점심을 함께 먹고 헤어졌는데, 한편에서는 자신이 밥을 샀으니 다음에 만나면 상대자가 밥을 사야 한다고 여기고, 다른 편에서는 점심값보다 자신의 자동차 기름값이 더 들었다고 여긴다. 그러다 보니 각자 자기가 상대자에게 베푼 것 같은데 돌아오는 건 적은 것 같아 손해 보는 느낌이 든다.

파스칼의 〈팡세〉에 이런 글이 있다.

「사람은 그 누구나 하나의 진리만을 따르면 따를수록 그만큼 더 위험한 잘못을 저지른다. 그들의 잘못은 어떤 허위를 따른 것이 아니라 또 하나의 다른 진리를 따르지 않은 데 있다.」

이 글을 나는 한쪽에서만 보면 안 된다는 뜻으로 읽었다.

남이 나를 좋아하게 만드는 방법

만약 어떤 상대가 나를 좋아하게 만들고 싶다면 어떻게 해야 할까? 일단 상대에게 선물 공세로 환심을 사는 방법이 있다. 그런데 이것은 돈이 많이 들 뿐만 아니라 효과가 있을지 의문이다. 그가 선물을 준 '사람'이 아닌 '선물'에만 구미가 당길 수 있기 때문이다. 돈이 들지 않고 효과가 만점인, 더 좋은 방법이 있을 듯하다.

예를 들어 본다. 당신이 중학교 때의 성적은 상위권에 속하고 고등학교 때의 성적은 하위권에 속한다면 중학교 동창회와 고등학교 동창회 중 어디를 가고 싶은가? 두 동창회가 같은 날, 같은 시각에 있다면 어디로 발길을 돌린 것인가?

답은 뻔하다. 중학교 동창회에 간다. 왜냐하면 자신이 열등하게 보이는 자리보다 우월하게 보이는 자리에 있고 싶어서다. 우리가 자기 능력이나 재능을 인정해 주지 않는 자리보다 인정해 주는 자리를 선호하는 것도 같은 맥락이다.

바람피우는 남자 중에는 이런 말을 하는 경우가 있다고 한다. "그 여자는 나를 남자로 느끼게 해 줘."라고. 이 말은, '그 여자는 남자라는 사실을 잊고 지내던 나를 남자로 느끼게 해 줘. 그것도 아주 멋진 남자로 말이야.'라는 말과 같다. 그러니 아내와 함께 있는 것보다 그녀와 함께 있는 게 행복할 수밖에 없다. 여자 역시 자기를 여자로 느끼게 해 주는 남자에게 마음이 끌릴 것이다. 한 마디로 남자든 여자든 본인에게 관심을 갖고 봐주는 이가 좋다는 얘기다.

그렇다고 해서 누군가를 좋아하게 되는 이유가 무조건 자신을 관심 있게 봐주기 때문인 건 물론 아니다. 상대자에게 매력이 있어 좋아하는 게 우선이다. 다만 똑같이 매력이 있는 두 사람이 있다면 자기에게 호감을 나타내는 쪽에 더 끌린다는 것이다.

알랭 드 보통의 소설 〈왜 나는 너를 사랑하는가〉에서 화자는 연인인 상대자의 두 앞니 사이가 벌어진 것을 장점으로 발견하고 그것을 다음과 같이 예쁘다고 느낀다. 「나는 그녀의 두 앞니 사이의 틈을 이상적인 배열로부터의 불쾌한 일탈이라고 보는 것이 아니라, 치아의 완벽성을 독창적으로 그리고 사랑할 가치가 있는 방식으로 재배치한 것으로 보았다. 나는 그녀의 치아 사이의 틈에 그냥 무심한 것이 아니라, 적극적으로 그것을 예뻐했다.」

이처럼 다른 이들의 눈엔 아름답게 보이지 않을 '두 앞니 사이의 틈'에서도 독창성 있는 아름다움을 발견해 내는 게 바로 연인의 눈이다. 그러니 자신을 최대한으로 아름답게 보는 연인에게 뜨거운 감정이 생기는 것이리라.

생각해 보니 나 역시 친구 중 나에게 무심한 친구보다 나의 어떤 능력을 인정해 주거나 내 얘기를 재밌어하는 친구를 만나는 걸 즐거워한다.

나를 좋아하게 만들려면 상대편이 '당신을 만나면 내가 꽤 괜찮은 사람 같아.'라는 생각이 들게 하면 된다고 결론지을 수 있겠다. 누구나 초라해 보이길 싫어하고 멋있게 보이길 바랄 것이므로.

말하기보다 듣기를

말을 하면 체력이 소모된다는 것을 안다. 특히 몸에 기운이 없다고 느낄 때 말을 많이 하면 몸속 에너지가 다 빠져나가는 것 같다. 자연히 기운이 없는 날에 누군가를 만나면 내가 대화를 주도하기보다 상대편 말을 듣는 쪽에 있을 때가 많다. 반대로 기운이 넘치는 날엔 내가 말을 하는 쪽에 있을 때가 많다.

사람들을 관찰해 보면 대체로 얘기하기를 좋아한다는 걸 알 수 있다. 나 또한 예외가 아니다. 친구들과 함께 있을 때 내가 얘기하는 내용은 대략 세 가지로 요약된다. 삼분지 일은 내 자랑을 한다. 삼분지 일은 재미있는 일들에 대해 얘기하고 나머지 삼분지 일은 생활 주변에서 있었던 일들을 화제로 삼는다. 한데 재미있는 일들에 대해 이야기하는 것도 알고 보면 나의 유머 감각을 발휘하고 싶어서일 가능성이 높다. 결국 말하기는 반 이상이 자기 자랑인 셈이다.

그리하여 말을 많이 하면 경솔한 사람이 되기 쉬우니 말을 줄여야겠다고 다짐했다. 즉 내가 이야기하는 시간을 줄이고 상대방의 이야기를 들어주는 시간을 늘려야겠다는 뜻이다.

말수를 줄이고 남의 말을 잘 들어주면 경솔한 사람이 되지 않는 이점만 있는 게 아니라 몇 가지 이점이 더 있다. 남에게서 정보를 얻을 수 있고, 사고의 폭을 넓힐 수 있고, 상대편에게 호감을 주어 인간관계가 좋아지며, 체력을 아낄 수 있다는 점이다.

〈탈무드〉에 있는 글을 떠올리면 듣기의 중요성을 더 강조할 필요가 없겠다. 「인간은 입이 하나 귀가 둘이 있다. 말하기보다 듣기를 두 배 더하라는 뜻이다.」라는 구절이다.

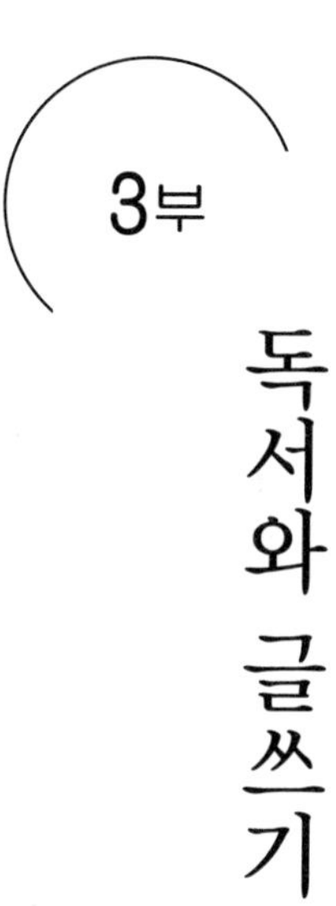

3부

독서와 글쓰기

글을 왜 쓰는가

지금은 작가만 집필하는 시대가 아니다. 일반인들도 블로그에 글을 쓰거나 책을 낸다. 글쓰기에 열광하는 이들이 상당수에 이르는데 글 쓰는 이유가 각자 다를 것이다. 여러 이유를 생각할 수 있으나 그중 두 가지만을 뽑아 보고자 한다.

글을 왜 쓰는가? 첫째, 자기 자랑을 하기 위해서 글을 쓴다는 견해가 있다. 사람들 대부분이 글을 쓰는 목적 중 하나는 남에게 보여 주기 위함이다. 책을 통해서든 블로그를 통해서든 글 쓰는 이는 남에게 읽히는 것을 염두에 두고 좋은 글을 쓰기 위해 노력하게 되는데, 여기엔 자기 자랑을 하고 싶은

허영심이 끼여 있을 수밖에 없다. 자신의 글쓰기 능력이나 지적 능력을 뽐내고 싶어서다.

도스토예프스키는 〈지하생활자의 수기〉에서, 의젓한 인간이 진심으로 만족하면서 이야기할 수 있는 화제는 자기 자신에 관한 것이라고 쓴 바 있다. 이는 인간이 자신에 관하여 말하길 가장 좋아한다는 걸 의미하는데 그 이유는 자기 자랑을 하고 싶어서겠다.

티브이를 통해서도 자기 자랑을 하는 모습을 많이 본다. 이야기를 나누는 토크쇼 프로그램에 출연한 연예인들은 본인의 생활을 소개하며 집, 부부 금실, 음식 솜씨 등을 자신있게 공개한다. 하나같이 집은 멋지게 꾸며져 있고, 부부 금실은 좋으며, 음식 솜씨는 최고임을 보여 준다. 다 자기 자랑인 셈이다. 의사가 출연하는 프로그램도 있는데 그가 방송에 출연해서 하는 일은 시청자들에게 유익한 지식과 정보를 줌으로써 본인의 강점을 알리는 일이다. 그 덕에 해당 의사는 유명 인사가 되기도 하는데 그러면 그가 근무하는 병원에 찾아오는 환자 수가 증가한다고 한다. 정치가가 방송에 출연하면 그가 출마할 선거에서 유리하게 작용하여 이득을 얻는다. 작가가 출연하면 그가 쓴 책의 판매에 좋은 영향을 미친다. 다 자기 홍보 덕분이다.

자랑하는 모습은 방송에 출연하는 이들에게서만 나타나는

게 아니라 평범한 주부들에게서도 나타난다. 주부들의 모임에서 남편 자랑과 자식 자랑이 단골 화젯거리가 되는 건 흔한 일이다. 잘난 남편과 자식을 뽐내고 싶은 것이다.

결론을 말하면 인간은 모두 자기 자랑을 하고 싶어 한다. 그러므로 글 쓰는 사람들이 자기 자랑을 하고 싶은 욕구 때문에 글을 쓴다는 것은 부분적으로만 맞는 말이다. 다시 말해 '글을 왜 쓰는가'라는 물음에 대해 '자기 자랑을 하고 싶어서'라고 볼 수만은 없다. 자기 자랑을 할 방법은 글쓰기 말고도 얼마든지 있으니까.

둘째, 글쓰기 자체의 재미 때문에 글을 쓴다는 견해가 있다. 이에 대하여 나는 전적으로 동의한다. 글쓰기를 악기 연주와 비교할 수 있다. 피아노나 기타 같은 악기를 훌륭하게 연주하고 싶더라도 그 악기에 대한 흥미를 느낀 자만이 악기를 다룬다. 글쓰기도 마찬가지다. 글을 잘 쓰고 싶더라도 결국은 글쓰기에 대한 흥미를 느낀 자만이 글을 쓴다. 따라서 글을 쓰기 위해 선행되어야 할 조건은 글을 쓰고 싶다는 욕구가 있어야 한다는 점이다.

만약 남에게 자랑하기 위해서만 글을 쓴다면 일기를 쓰는 습관을 지닌 이들을 설명할 길이 없다. 일기의 독자는 남이 아닌 바로 본인인 까닭이다. 나도 일기를 쓰는데 누군가에게 보이기 위해 쓰는 게 아니라 그냥 글쓰기가 좋아서 쓴다. 오히려 누가 일기장을 볼까 봐 꼭꼭 숨겨 둔다. 일기는 나만의 비밀스러운 세계 속에서 작은 행복을 갖게 한다. 매일 쓰는 건 아니지만 며칠에 한 번씩 꾸준히 써 온 게 삼십 년 이상이 되었다.

글쓰기엔 확실히 문장과 문단을 하나씩 만들어가는 즐거움이 있다. 적합한 낱말의 선택, 그것들의 조합, 직유나 은유로 문장을 묘사, 그것들의 배치, 문단 구성 등을 하는 행위는 마치 퍼즐 놀이를 하는 것처럼 흥미롭다. 종이에 볼펜으로 쓰는 일도 좋지만 노트북으로 글을 쓸 때 자판을 두드리는 재미가 있다. 자판을 두드릴 때 나는 소리를 들으며 글을 쓰는 일은 일종의 재밌는 놀이다.

분명히 글쓰기에는 강한 매력이 있다. 서로 사랑하는 연인들에게 왜 만나느냐고 묻는다면 그 연인들은 '만나지 않고서는 살 수가 없어서'라고 말할지 모른다. 마찬가지로 글도 '쓰지 않고서는 살 수가 없어서' 글을 쓴다고 할 수 있다. 글 쓰는 축들에겐 이 세상에서 글쓰기만큼 유혹적인 일이 없다. 아마 더 유혹적인 게 있다면 글 쓸 시간에 그걸 하리라.

직업으로 글을 쓰든 취미로 글을 쓰든 그들은 글쓰기의 매력에 푹 빠진 자들이다. 그래서 그들은 행복한 사람들이다. 나도 지금 이 순간 행복 속에 있다.

애인, 친구, 책을 비교한다면

어느 TV 프로그램에서 여러 연령층의 사람들을 상대로 조사한 결과를 맞히는 퀴즈가 있었다. 그중 재밌는 퀴즈가 있었는데 '평생 애인 없이 살기'와 '평생 친구 없이 살기' 중에서 사람들이 하나를 선택한다면 어떤 것인지 알아맞히는 것이었다. 답은 '평생 애인 없이 살기'였다. 조사한 사람들 중 70프로 이상이 애인보다 친구를 더 중요시한다는 결과가 나왔다.

이런 결과가 나온 이유는 애인에 비해서 친구가 더 편하기 때문인 것 같다. 친구 사이보다 연인 사이에서 갈등으로 빚어진 마찰이 많은 것도 한몫을 했을 터이다. 애인과 싸우거나 결별하면 찾게 되는 건 친구이고 또 애인이 없는 이가 외로울 때 찾는 것 또한 친구인 경우가 많다.

만약 사람들에게 애인, 친구, 그리고 여기에 책을 넣어 세 가지 중에서 하나만 선택하라면 어떻게 될까? '평생 애인 없이 살기', '평생 친구 없이 살기', '평생 책 없이 살기' 중에서 가장 끔찍한 삶을 고르라면 결과가 어떨지 궁금하다. 이 중에서 '평생 책 없이 살기'가 가장 끔찍할 거라는 이도 많을 듯하다. 나도 여기에 속한다. 내게 책이 없는 세상은 살맛 없는 세상이다.

애인이 있어서 좋은 점은 사랑을 주고받고 있다는 기쁨과 설렘을 느낄 수 있다는 점이다. 물론 여기엔 나쁜 점도 뒤따른다. 언제든 애인이 불러내면 아무리 외출이 귀찮은 날에도 만나러 나가야 한다. 나가지 않는다면 상대는 섭섭해하거나 화를 낼 것이다. 또 생일같이 특별한 날은 챙겨 줘야 하고 아플 땐 더 마음을 써 줘야 한다. 물론 깊이 사랑에 빠지면 그런 의무를 다하는 게 즐거울 수 있지만 여러 통계에 따르면 오래 사귈수록 설렘도 점점 퇴색한다고 하니 애인이 귀찮게 여겨지는 지점이 언젠가는 올 듯하다.

결국 두 사람 중 더 좋아하는 쪽이 있고 더 성의 없는 쪽이 있기 마련이어서, 한쪽은 화를 내고 다른 한쪽은 화를 풀어 줘야 하는 관계가 되기 쉽다. 혹자는 '연애'하면 떠오르는 게

'스트레스'라고 했다. 연인 관계에서는 집착하게 되어 싸움이 잦아지기 때문이란다. 결과적으로 사람들에게 즐거움과 괴로움을 동시에 주는 게 애인이란 존재가 아닐까 한다.

친구는 애인에 비해 서로에 대한 관심이 적어서 싸울 일이 많지 않아 대체로 편안한 관계가 유지된다. 친구의 또 다른 좋은 점은 늘 그 자리에 있어 준다는 것이다. 애인은 한동안 만나지 않으면 이별할 가능성이 많지만 친구는 소원하게 지내다가도 언제든 만나면 어렵지 않게 예전의 친숙했던 관계로 돌아간다. 단점은 사람들 대부분이 친구보다는 애인이나 가족을 더 챙기기 때문에 살짝 섭섭함이 생길 수 있다는 것이다.

책을 만나는 일엔 애인이나 친구와 비교하면 의무도 없고 섭섭함도 없다. 그저 흥미로운 책을 대할 때마다 기쁨을 얻을 수 있다. 싫증이 날 새가 없이 새 책은 매일 쏟아져 나와 기쁨이 이어질 수 있다. 책의 달콤한 열매를 맛본 자는 그 맛을 잊을 수 없어서 자연히 책의 세계로 빠져들게 된다. 독서만큼 값이 싸면서도 오랫동안 즐거움을 누릴 수 있는 것은 없으며(몽테뉴), 독서하는 사람은 참된 벗, 친절한 충고자, 유쾌한 반려자, 충실한 위안자가 없다는 것을 느끼지 않을 것이다(M. T. 바로).

나에게 특별한 재능이 있다면 책을 재미있게 읽을 수 있다는 점이다. 이는 큰 행운이다. 책을 읽으면 어떠한 근심 걱정도 사라지고 책 내용에 곧장 몰입하게 된다. 책을 읽고 있는 한 나는 행복하다. 책을 좋아하는 이들은 대부분 책이 주는 재미에 흠뻑 빠져 시간 가는 줄 몰랐던 경험이 있으리라. 행복해서 좋은 것 중 하나는 남을 시기하지 않고 너그러워진다는 점이다.

독서광인 나는 이렇게 생각할 수 있어서 좋다. 돈 많은 친구를 만나면, "넌 부자가 되거라, 난 책으로 행복할 테니."라고, 옷을 멋지게 입는 친구를 만나면, "넌 멋쟁이가 되거라, 난 책으로 행복할 테니."라고 말이다. 만일 나에게 부자와 독서광 중 하나를 선택하라면 독서광을 택하리라. 멋쟁이와 독서광 중 하나를 선택하라고 해도 역시 독서광을 택하리라.

책을 보면 참 잘생겼다고 느낀다. 책장에 꽂혀 있는 책들을 바라보면 또는 방바닥에 쌓여 있는 책들을 볼 때면 그것의 잘생긴 외양에 감탄하곤 한다. 이보다 더 잘생길 수는 없을 듯싶다. 아무리 전자책의 출현으로 인해 종이책의 종말을 논하는 시대가 되었다고 해도 한 장 한 장 넘기는 종이의 질감을 어떻게 사랑하지 않을 수 있단 말인가.

철학자 버트런드 러셀에 의하면 독서의 두 가지 동기는 독서를 즐기려는 것과 읽은 책에 관해 자랑하려는 것이라고 한다. 책에 매료된 적이 있는 자는 즐거움과 자랑거리를 동시에 갖게 하는 책을 사랑할 수밖에 없겠다.

책과 관련하여 내가 좋아하는 걸 들자면 다음과 같다. 인터넷 서점에서 사고 싶은 책을 고르는 것, 새 책의 빳빳한 질감을 느끼는 것, 커피 한 잔을 옆에 두고 책을 읽는 것, 책에서 외우고 싶을 만큼 좋은 구절을 발견하여 연필로 밑줄을 긋는 것, 책 보다가 스르르 잠이 드는 것, 독서광인 친구를 만나 책에 대한 이야기를 나누는 것.

책과 관련하여 내가 싫어하는 걸 들자면 다음과 같다. 책이 구겨지는 것, 누군가가 책을 빌려 달라고 하는 것, 책을 재밌게 읽고 있는데 갑자기 외출할 일이 생기는 것, 아끼던 책이 오래되어 종이가 누렇게 변색되는 것, 책 읽으며 안구건조증이 느껴지는 것, 전자책에 밀려 종이책이 사라질지 모른다는 신문 기사를 보는 것.

책을 빌려 주기 싫은 이유

아침에 커피를 마시다가 갑자기 궁금해졌다. '스티븐 킹이 일 년에 책을 몇 권 읽는다고 했더라?' 나와 비교하고 싶었던 거다.

이미 읽은 그의 책 〈유혹하는 글쓰기〉를 찾아보기로 했다. 책이 어디에 있는지 몰라서 책장이 있는 거실과 책이 쌓여 있는 안방을 오가면서 찾으니 안방 침대 옆에 수십 권의 책이 쌓여 있는 곳의 맨 아래에 있었다.

〈유혹하는 글쓰기〉에 다음과 같이 나와 있다. 「나는 독서 속도가 느린 편인데도 대개 일 년에 책을 70~80권쯤 읽는다. 주로 소설이다. 그러나 공부를 위해 읽는 게 아니라 독서가 좋아서 읽는 것이다. 나는 밤마다 내 파란 의자에 기대앉아 책을 읽는다. 소설을 읽는 것도 소설을 연구하기 위해서가 아니라 그저 이야기를 좋아하기 때문이다.」

스티븐 킹은 일 년에 70~80권쯤 읽는데 주로 소설이란다. 소설가인 그가 주로 소설만 읽는다는 사실이 실망스러웠다. 그런 대작가가 겨우 소설만 읽다니. 그 정도의 작가라면 철학, 사회학, 심리학, 윤리학, 종교, 역사 등 다양한 분야의 책을 두루 섭렵해야 되는 것 아닌가.

'주로 소설만 읽는다.' 이 말은 소설만 읽으면 좋은 소설을 쓸 수 있을 정도로 소설엔 심오한 통찰이 들어 있다는 말인가. 아니면 자신은 심오한 통찰력이 있어서 다른 책을 읽을 필요가 없이 소설만 읽어도 좋은 소설을 쓸 수 있단 말인가.

내가 알기론 소설을 읽는다고 해서 인간에 대해서 그리고 삶과 세상에 대해서 총체적으로 이해할 수 있는 건 아니다. 좋은 소설을 쓰기 위해선 그것들을 총체적으로 이해할 수 있어야 하지만.

어쨌든 이야기가 좋아서 소설을 읽는다는 그의 글을 읽으니, 글을 잘 쓰기 위해서는 우선 책을 읽는 걸 무지 좋아해야 할 듯싶다.

난 책을 읽을 때 연필로 인상적인 문장에 밑줄을 긋고 여백에 내 느낌이나 생각을 적어 놓는 습관이 있다.

예를 들면 다음과 같다.

「무릇 사랑이란 이별의 순간이 올 때까지 그 깊이를 알지 못하는 것입니다.」 - 칼릴 지브란, 〈예언자〉에서.

내 느낌이나 생각 : 아버지가 세상을 떠나시고 나서 알았다. 내가 아버지를 무척 좋아했다는 것을. 이상한 일이다. 살아 계셨을 땐 보고 싶은 적이 없었는데 만날 수 없는 지금은 아버지가 보고 싶다. 그리운 아버지가 되어 버렸다. 가족에 대한 사랑은 이별의 순간이 올 때까지 그 깊이를 알지 못하는가 보다.

「죄책감이란 초대하지 않아도 밤중에 찾아와 사람들을 깨우고 스스로를 들여다보게끔 하기 때문입니다.」 - 칼릴 지브란, 〈예언자〉에서.

내 느낌이나 생각 : 죄책감을 갖고 산다면 행복은 가질 수 없다. 죄책감과 행복은 양립하기 어려운 법이니까. 그러니 죄를 짓고 살지 말 것. '맞은 놈은 발 뻗고 자도, 때린 놈은 발 뻗고 못 잔다.'라는 말이 있다. 만약 둘 중 하나가 되어야 하는 상황에 처한다면 때리는 쪽이 되기보단 차라리 맞는 쪽이 될 것.

누군가가 책을 빌려 달라고 하면 난 빌려 주기 싫어한다. 그 이유는 두 가지다. 첫째, 완독한 책을 또 들춰 보길 좋아하는데, 누가 빌려 가서 그 책이 집에 없으면 마음이 답답해서다. 과장해서 말하면 신경질이 나기 때문이다. 책을 빌려 간 축들의 공통점은 빨리 되돌려 주지 않는다는 점이다.

둘째, 내 책엔 느낌이나 생각을 써 놓은 게 많아서 책을 빌려 간 사람이 내 비밀스러운 일기를 보는 것 같아 싫고, 남에게 나의 유치한 생각을 들킬 것 같아 싫다.

책을 빌려 주지 않는 게 미안하긴 하다. 그래서 아예 새 책을 사서 선물한 적이 몇 번 있다.

독서가 삶에 도움이 될까, 안 될까

독서가 우리 삶에 도움이 되는지 안 되는지 궁금하다. 이 문제를 한번 숙고해 보고자 한다.

책을 읽으면 지식뿐만 아니라 지혜도 얻을 수 있다. 그렇지만 책을 읽는다고 해서 반드시 지혜롭게 사는 것은 아니다. 책에서 얻은 지혜가 실천으로 이어지는 건 아니기 때문이다.

예를 들어 본다. "분노는 남에게 던지기 위해 뜨거운 석탄을 손에 쥐는 것과 같다. 결국 상처를 입는 것은 나 자신이다."(석가모니) 이 글을 우리가 읽었다고 해서 누군가로 인해 분노가 일어났을 때 곧바로 '분노는 남에게 던지기 위해 뜨거운 석탄을 손에 쥐는 것과 같아서 상처를 입는 건 나 자신이니 참아야 해.'라고 마음먹지 않는다는 말이다. 책에서 지혜를 얻는 일과 그 지혜가 삶에까지 이어지는 것은 별개 문제라서 무엇을 안다고 해서 행동이 꼭 달라지는 건 아니다. 결국 독서가 삶에 도움이 되지 않는다는 결론이다.

만약 이 결론이 틀렸다면 독서광들은 전부 똑똑하고 현명하게 처신하며 살아야 하는데 실제로 과연 그러한가. 독서광이란 본인이 남들보다 책을 많이 읽었다고 여기는 사람이다. 그래서 오히려 독서광들은 자기만의 렌즈를 끼고 세상을 바라봄으로써 오류를 범할 위험성이 있다. 그 렌즈란 바로 '오만함'이다. 오만함의 렌즈를 끼고 살게 되면 자기 생각이 가장 옳다는 착각을 하고 착각은 판단력을 흐리게 한다. 또 우월감에 빠져 타인을 무시하는 잘못을 저지르기 쉽다.

이번엔 독서가 삶에 도움이 되는 예를 들어 본다. 친정에서 만든 만두를 지인에게 보낸 적이 있었다. 만둣국을 끓여 먹고 나서 잘 먹었다는 전화가 올 법한데 그에게서 전화가 없었다. 이상하였다. 섭섭해지려 했다. 며칠이 지나서야 고맙다고 전화가 왔다. 나는 전화를 기다렸는데 지인은 전화를 하는 게 급하지 않았던 모양이다. 또 이런 경험도 했다. 친구에게 선물을 한 걸 나는 확실하게 기억하는 반면 그걸 받은 상대방은 그 사실을 전혀 기억하지 못한 일이다.

이와 관련하여 전에 읽은 소설의 한 부분이 떠올랐다. 주인공 필립은 노선생에게 수업을 받고 있다. 필립은 노선생이 아픈 것 같아 수업을 쉬게 해 주면서 다음 주의 수업료를 선불로 지불한다. 한데 예상했던 바와 달리 노선생은 별로 고마워하지 않는 듯했다. 작가는 다음과 같이 표현한다. 「필립은 아직 어렸기 때문에, 은혜를 입는 사람보다 그것을 베푸는 사람 쪽이 은혜에 대한 의식이 훨씬 강하다는 것을 몰랐다.」 서머싯 몸의 〈인간의 굴레에서 1〉에 있는 글이다.

이 글과 나의 두 가지 경험을 놓고 보니 인간에게 그러한 면이 있다고 믿게 되었다. 즉 은혜를 입는 쪽보다 베푸는 쪽이 은혜에 대한 의식이 강하다는 것. 선물을 받는 자보다 주는 자가 선물에 대한 의식이 강하다는 것. 이를 다르게 말하면 '인간은 은혜 입음을 중요히 여기지 않는다.'라는 얘기다. '은혜는 물결 위에 새기고 원한은 바위에 새긴다.'라는 말이 있는 것도 같은 맥락이다.

인간의 이 특성을 알았으니, 내가 뭔가를 베풀었을 경우 상대편이 고맙다는 표시가 없다고 해도 섭섭해하지 않을 듯싶다. 이 소설 덕분에 그런 섭섭함을 없앨 수 있었으니 독서가 원만한 인간관계 형성에 영향을 미친 셈이다. 그러므로 독서가 삶에 도움이 된다고 결론을 내릴 수 있다.

설령 독서가 삶에 도움이 되지 않는다고 해도 독서는 다른 유익한 점이 있다. 나는 독서나 글쓰기를 하는 동안에 그것에 몰입함으로써 걱정이나 불안이 사라지고 심리적 안정감과 즐거움을 얻을 때가 많아서다. 나와 같은 이들이 적지 않을 거라고 믿는다.

만일 내가 누구에게 "당신이 책을 읽어서 돈이 생기나요, 쌀이 생기나요?"라고 묻는다면 난 인간에 대해 모르는 바보다. 만일 내가 누구에게 "당신은 재능이 없으니 글쓰기로 시간을 낭비하지 마시오."라고 말한다면 난 인간에 대해 모르는 바보다.

책을 읽든 글을 쓰든 또는 다른 걸 즐기든 취미는 반복적인 일상의 지루함을 잘 견디게 해 주는 것 이상의 가치를 갖고 있다. 왜냐하면 취미 생활의 재미로 마음이 튼튼해지고 건강한 삶을 살 수 있기 때문이다.

최종 답은 이렇게 되겠다. '독서는 삶에 도움이 된다.'

소설을 읽어야 하는 이유

우리 대부분은 인간에 대해 잘 모른다. 뿐만 아니라 인간에게 어리석은 면이 있다는 것은 알지만 정작 자신의 어리석음을 알지 못하는 경우가 많다. 서로 같은 처지가 아니라면 어느 누구도 타인의 감정 상태를 정확히 알기 어렵다는 건 인간관계에서 큰 장애 요인이다. 이로 인해 상대에 대해 오해하기도 하고 상대로부터 오해받기도 한다.

육 년 전에 아버지가 돌아가셨다. 그 무렵 어머니의 심경을 전해 들은 게 있다. 칠십 대 중반이었던 어머니는 지아비와 사별한 것이 창피하기도 하고 마치 자기가 죄를 지은 것 같아 밖으로 돌아다닐 수가 없다는 것이다. 심지어 과일을 사러 슈퍼마켓에 가는 일도 남의 눈치를 보게 되더라고 했다. 남편은 죽었는데 본인은 과일을 먹고 싶어 사러 왔다고, 동네 사람들이 흉볼 것 같아서란다. 그래서 자신에게 말을 붙이며 위로해 주는 이보다 못 본 척해 주는 이가 더 고맙다고 한다. 그 말을 그때 듣고 난 매우 놀랐다. 남편과 사별한 경험이 없으면 이런 속내를 어떻게 알 수 있겠는가.

내가 이십 대 초반에 있었던 일이다. 한 친구가 말하기 어려운 듯 머뭇거리다가 입을 뗐다. 어머니와 아버지가 이혼해서 따로 살고 있으며 자기는 어머니와 살고 있다는 내용이었다. 나는 이 사연을 듣고 속으로는 적잖이 놀랐으나 위로를 해 주고 싶어서 놀라는 기색을 보이지 않으려고 애썼다. 이혼이 별것 아니라고 말하기도 했다. 이혼한 부모를 둔 게 그에게 큰 약점이 아니라는 걸 알려 주고 싶었던 거였다. 나중에 그 친구가 얘기해 줘서 알았는데 그런 나의 태도는 그에게 전혀 위로가 되지 않았다. 자신이 부모 이혼으로 상처받은 것에 내가 공감해 주길 바랐다고 한다. 만약 내가 공감해 주었다면 그에게 위로가 될 수 있었다는 말이다. 하지만 그가 무얼 바라는지 내가 어떻게 알 수 있겠는가.

내가 어머니를 통해 알게 된 것은, 슬픈 일을 당한 사람을 대할 땐 당사자가 그 일에 관해 말하기 전엔 침묵을 지켜 주는 게 좋다는 점이다. 그리고 친구를 통해 알게 된 것은, 본인이 불행한 일을 말할 땐 그의 감정에 공감해 주는 게 최선이라는 점이다. 이런 걸 몰랐으니 내가 인간 심리에 대하여 무지함을 인정할 수밖에 없다.

모든 인간관계에서 갖춰야 할 덕목 중 하나가 배려인데 배려하려면 상대편 마음을 알아야 한다. 그렇다면 우리가 똑같은 삶을 살지 않으면서도 타인의 마음을 헤아릴 수 있는 방법은 무엇일까? 누군가의 내면을 잘 간파할 수 있는 공부가 있다면 무엇이 있을까?

심리학 서적을 읽는 것도 좋겠지만 내 생각엔 '소설 읽기'가 답이 될 듯싶다. 가령 시한부 인생을 사는 주인공이 나오는 소설을 여러 편 읽었다고 가정해 보자. 그러면 실제로 시한부 인생을 사는 이를 만났을 때 처신하기 수월할 것이다. 평소에 소설을 읽지 않는 축들보다 읽는 축들이 사람의 감정을 이해하는 능력이 더 뛰어나리라고 확신한다.

우리는 상상력이 중요함을 알고 있다. 상상력이 과학이나 의학의 발전을 위해서 반드시 필요한 것은 그게 새로운 것을 창조할 수 있는 원동력이기 때문이다. 그건 소설에서도 필수다. 소설은 작가의 상상력이 창조한 세계이고, 소설을 읽는 독자 또한 작가가 펼쳐 내는 허구의 이야기를 상상력을 빌려 수용한다는 점에서 그렇다. 직접 체험하지 않더라도 독자는 소설을 읽으면서 등장인물들의 느낌과 생각을 공유한다.

정치, 경제, 사회, 문화, 스포츠, 예술 등 모든 분야에서 인간에 대한 이해 없이는 어떤 지혜도 얻을 수 없다. 왜냐하면 어디에서든 인간의 활동이 없는 영역은 없기 때문이다. 인간의 내면세계를 묘파하는 소설을 꼭 읽어야 하는 이유다.

움베르토 에코의 시각으로 보기

동창 모임에 참석하는 이들은 어떤 사람들일까? 출세한 사람들이라고 답변한다면 고정 관념이다. 한가한 사람들이라고 답변한다면 이건 진부하다. 나의 답은 이렇다. '동창 모임에 참석하는 이들은 유능한 사람들이다.'

그 이유는 유능한 자는 아무리 바빠도 일 처리를 잘해서 바쁜 티를 내지 않고 모임에 가기 때문이다. "나 바빠서 그 모임에 못 나갈 것 같아."라고 말하며 바쁜 티를 내는 사람은 해야 할 일을 다 하지 못해 모임에 불참하는 무능한 자일 수 있다. 나의 답이 맞고 맞지 않고를 떠나서 나로 하여금 이런 새로운 발상을 하게 만든 책은 〈세상의 바보들에게 웃으면서 화내는 방법〉이다.

이 책의 저자 움베르토 에코(1932년~2016년)는 베스트셀러 소설 작가이자 저명한 기호학자이면서 철학자, 역사학자, 미학자다. 그리고 지독한 공붓벌레로 정평이 나 있으며 여러 언어에 능통한 '언어의 천재'로 알려져 있다. 이러한 대학자가 가벼운 주제로 에세이를 쓴다면 어떤 글이 될지 궁금하여 이 책을 읽게 되었다. 지금부터 인상 깊게 읽은 부분들을 중심으로 소개하고자 한다.

우리는 공공장소에서 전화가 끊임없이 걸려 와 휴대전화로 큰 소리를 내며 통화하는 축들을 심심치 않게 볼 수 있다. 예를 들면 대기업의 임원 같은 소위 잘나가는 사람들 말이다. 그런 이들은 동창회에 와서도 자꾸자꾸 오는 전화로 인해 좌석에 앉지도 못하고 계속 밖으로 나가 큰 소리로 통화를 한다. 저자는 이런 사람들을 한 방 먹이고 싶었나 보다. 이들을 겨냥한 듯 일침을 가한다.「이렇듯 휴대폰을 권력의 상징으로 과시하는 자는 오히려 자기가 말단 사원의 한심한 처지에 놓여 있음을 만인 앞에서 고백하는 셈이다.」라고.

오히려 권력자는 전화를 받지 않고 여비서가 대신 받는다고 한다.「진짜 힘 있는 사람은 걸려 오는 전화를 일일이 받지 않는다. 늘 회의 중이라서 전화를 직접 받을 수 없는 자,

그가 바로 힘 있는 자이다.」 딴은 일리가 있는 명쾌한 해석이 아닌가. 기업의 총수인 회장에게 오는 전화는 비서가 받을 터이니.

집에 책을 많이 가지고 있는 사람들이 눈여겨볼 대목이 있다. 책이 다량 있는 걸 본 방문자는 흔히 이렇게 묻기 일쑤다. “이 책들을 다 읽으셨어요?” 나도 이런 질문을 받아 답하기 곤란한 적이 있었다. 저자가 자신의 경험을 토대로 내놓은 대답은 이러하다.「아니요. 저 가운데 읽은 책은 단 한 권도 없어요. 이미 읽은 책을 무엇 하러 여기에 놔두겠어요?」

그럼 이러한 질문을 하는 축들의 심리는 뭘까? 이에 대해 저자는 다음과 같이 밝혀 놓는다.「내가 생각하기에는 누구나 많은 책들을 마주하게 되면 ‘지식에 대한 불안감’에 사로잡히고 그래서 무심결에 그런 질문으로 자기 자신의 고뇌와 회한을 표현하는 게 아닌가 싶다.」라고. 나도 서점에 있는 많은 책들을 접할 때면 마음이 편치 않곤 했다. 세상엔 책들이 이처럼 많은데 그것에 비해 난 조금밖에 읽지 못해서였다. 그런 내 마음을 저자는 명확하게 표현한 것 같다. ‘지식에 대한 불안감’ 때문이라고.

‘포르노 영화를 식별하는 방법’에 대한 언급은 독특하고 신선하다.「만일 배우들이 A 지점에서 B 지점으로 이동하면서 여러분이 원하는 것 이상으로 늑장을 부린다면 당신이 보고 있는 것은 포르노 영화이다.」 늑장을 부리는 이유에 대해서는 이렇게 말한다.「한 시간 반 동안 오로지 그런 장면들만 본다면 아무도 견뎌 내지 못할 것이다. 쓸데없는 공백 시간이 필요한 까닭이 바로 거기에 있다.」

이 책에는 유쾌한 웃음을 선사하는 유머가 넘쳐흐른다. 한데 그 유머는 일회성 웃음으로만 끝나게 하지 않고 곱씹게 만든다. 저자의 창의성과 통찰력이 빚어낸 결과다.

내 경험에 의하면 무슨 책을 읽든 독자는 저자에게서 최소한 한 가지 이상은 배울 게 있기 마련이다. 이 책의 저자에게서 내가 배운 것은 유머러스한 재변을 통해서 보여 주는 '사물을 정면에서만 보지 않기'이다. 이는 한쪽에서만 보지 않고 다양한 시각에서 본다는 뜻이다. 고정 관념에 사로잡히지 않고 창의적으로 본다는 뜻이기도 하다.

우리는 무엇을 볼 때 정면에서 보는 데에 길들여져 있다. 하나의 컵을 예로 든다면 머릿속에서 컵을 상상하면 습관적으로 정면에서 본 컵 모양을 떠올리기 쉽다. 그러나 컵은 어디에서 보느냐에 따라 모습이 달라진다. 위에서 볼 때와 아래에서 볼 때가 다르고 또 오른쪽에서 볼 때와 왼쪽에서 볼 때의 컵 모습이 다르다. 각도를 달리해서 얼마든지 생김새가 판이한 컵을 볼 수 있는데 그 수많은 생김새의 총합이 바로 '컵 모양'이라고 할 수 있을 것이다.

역사적인 사건을 예로 들면, 2003년 미국이 이라크를 침공한 경우 미국의 시각에서 보자면 '테러와의 전쟁'일 수 있지만 이슬람 세계의 시각에서 보면 '문명 충돌'일 뿐이다. 다른 편에서 보면 또 달라진다. 그러므로 한쪽에서만 보는 건 제대로 보는 게 아니다.

우리 인생에서 일어나는 일도 바르게 보려면 여러 각도에서 봄으로써 편견 없이 유연한 사고방식을 가져야 한다. 그것은 저자와 같이 '사물을 정면에서만 보지 않기'를 통해서 가능해지리라고 믿는다.

톨스토이의 '사람은 무엇으로 사는가'를 읽고

톨스토이의 이 소설에는 하느님에게 벌을 받은 천사가 인간으로 변신하여 가난한 구두장이 집에서 8년째 머물면서 겪는 이야기가 담겨 있다. 하느님으로부터 벌을 받은 천사는 하느님이 말한 세 가지 문제의 답을 알게 되는 날에 하늘나라로 돌아갈 수 있다. 그 세 가지 문제란, 인간 안에 무엇이 있는가, 인간에게 허락되지 않는 것이 무엇인가, 사람은 무엇으로 사는가 등이다.

첫 번째 이야기. 추운 겨울날, 가난뱅이 구두장이가 벌거벗은 젊은이를 천사인 줄 모르고 그저 불쌍한 사람으로 여겨

집에 데려온다. 그의 아내는 낯선 거지와 함께 귀가한 남편이 못마땅하여 화를 내다가 어느새 이 남자가 가엾게 느껴져 계속 돌봐주고 싶은 마음이 생긴다. 그것을 알게 된 천사는 인간 안에는 '사랑'이 있다는 걸 알아낸다. 이리하여 세 가지 물음 중 첫 번째 답을 구한다.

두 번째 이야기. 구두장이 가게의 직공으로 일하게 된 천사는 한 신사를 보게 된다. 가게를 방문한 신사는, '1년을 신어도 찢어지지 않고 모양이 변하지 않는 구두'를 주문한다. 천사는 그가 그날 해가 지기 전에 죽는다는 것을 예견할 수 있었다. 그러니 그 신사에게 필요한 건 구두가 아니라 죽은 자의 발에 신는 신발이었는데, 신사는 자기가 잠시 후에 죽으리라는 것을 알지 못했다. 이때 두 번째 답을 구한다. 즉 인간에게 허락되지 않는 것은 '자기 육체에 무엇이 필요한가를 아는 것'이다.

세 번째 이야기. 한 여인이 쌍둥이의 구두를 맞추러 가게에 왔다. 천사는 그 애들이 누구인지 한눈에 알아보았다. 그녀가 두 아이의 생모가 아님도 알았다. 생모는 6년 전 쌍둥이 딸을 낳은 후 죽었기 때문이다. 천사는 아버지도 죽고 나서 홀어머니마저 죽었으므로 고아가 된 두 쌍둥이가 살아가지 못할 거라고 여겼었는데, 6년 뒤에 한 여인이 두 아이를 맡아 정성을 다해 키웠다는 사실을 알게 된다. 그 여인은 이

웃집 사람이었는데 생모가 죽자 아이들을 친자식처럼 키우며 살았던 것. 그리하여 천사는, 사람은 '사랑으로' 살아간다는 것을 깨우친다. 이는 세 번째 물음, '사람은 무엇으로 사는가'에 대한 답이다.

6년 전 천사는 하느님의 명령을 거역하여 벌을 받아 인간 세상에 내려온 것이었는데, 바로 쌍둥이를 낳은 여인의 영혼을 데려오라는 게 하느님의 명령이었다. 곧 아이들의 생모를 죽게 하는 게 천사의 임무였다. 그 명령에 따르기 위해 가 보니 그 여인은 방금 쌍둥이를 낳았던 것. 그 여인은 본인의 영혼을 데리러 온 죽음의 천사인 줄 짐작하고 천사에게 애원하듯 울면서 말했다. 남편은 죽었고 형제도 없고 큰어머니도 할머니도 없으니 제발 이 아이들을 자기 힘으로 키우게 해 달라고. 부모 없는 아이들은 살지 못한다고.

이 말을 들은 천사는 차마 이 가엾은 여인의 영혼을 빼앗아 가지 못했으나, 하느님이 다시 분부하여서 할 수 없이 여인의 영혼을 빼앗아 갔다. 그렇게 여인을 죽게 하긴 했지만 하느님의 처음의 명령을 거역한 죄로 벌을 받아 천사는 인간 세상에서 살게 되었던 것이다.

마지막 장면에서 다시 본래 모습을 되찾은 천사는 다음과 같이 말한다.「이제 나는 깨달았다. 모든 사람 각자가 자신의 일을 걱정하고 애씀으로 살아갈 수 있다고 생각하는 것은 인간이 그렇게 생각하는 것일 뿐, 실은 사랑에 의해서 살아가는 것이다.」라고.

글을 읽고 나니 인간이란 타인에게 사랑을 베풀기도 하고 타인의 사랑에 의지해 살아가기도 하는 존재임을 깨닫게 된다. 인간은 서로의 도움으로 살아간다는 것을, 인생은 혼자 사는 게 아니고 남들과 더불어 산다는 것을 알겠다.

그리고 하느님이 말한 문제 중 특히 두 번째 문제인 '인간에게 허락되지 않는 것'은 '자기 육체에 무엇이 필요한가를 아는 것'이라는 점에 생각이 길게 머문다. 자신의 앞날을 예측할 수 없어 그날의 죽음을 앞두고도 1년간 신을 구두를 주문한 신사의 모습은 바로 우리 모습이 아닌가. 우리는 내일 당장 무슨 일이 생길지 알지 못한 채 살고 있으니 말이다. 게다가 죽고 난 뒤 장례식조차 타자의 손을 빌려야 한다. 이렇듯 인간이란 숙명적으로 서로 의지하고 협력하며 살아야만 하는 존재인 것이다.

곰곰이 생각해 보면 내가 단 하루라도 혼자 힘으로 사는 게 가능한 일이던가. 남이 땀 흘려 일해 지은 집에서 살고, 남의 노고로 수확한 쌀로 밥을 먹고, 남의 수고로 만든 옷을 입고 사는 나. 집안을 둘러보니 책, 책상, 텔레비전, 컴퓨터, 휴대전화, 냉장고 등 많은 물건들이 있다. 빈손으로 태어나 가진 게 아주 많다. 모두 그것들을 만든 타인들 덕분이다. 난 혼자 힘으로 사는 게 아니었다. 누군가의 땀과 노동에 의지하지 않고는 물 한 잔도 마실 수 없지 않은가.

남들의 도움으로 이만큼 누리며 살고 있음에 감사하는 마음이 든다. 나와 내 가족을 챙기는 일에만 급급해하며 살고 있는 건 아닌지 지나온 시간을 되짚어 보게 된다. 만약 끝까지 그리 산다면 결국 개인 이기주의와 가족 이기주의로 생을 마감하게 될 터이다.

최근 감동적인 기사 한 편을 봤다. 코로나19를 극복하기 위해 전국에서 16만 명이 넘는 자원봉사자가 활동 중인 것으로 조사됐다는 기사였다. 본인이 코로나19에 감염될 수 있음에도 불구하고 자원봉사를 하고 있는 그들이 참으로 존경스럽다. 그들은 사람이 사랑으로 살아가고 있다고 말한 톨스토이가 옳다는 걸 입증하고 있는 셈이다.

'한 사람이 못을 박으면 다른 사람은 그 못에 모자를 건다.'라는 영국 속담이 있다. 다른 이들을 위해 못을 박는 이들이 있기에 세상의 바퀴는 지금도 여전히 굴러가고 있는 것일 게다.

4부

행복과 인생

더한 불행은 얼마든지 있다

길이가 1미터인 직선을 건드리지 않고 짧게 만들 수 있는가? 하는 문제가 있다. 답은, 그 직선보다 긴 직선을 위나 아래에 그어 놓는 거란다. 그렇게 하면 원래 있었던 직선이 짧아 보이기 때문이다. 이는 짧음이 절대적인 개념이 아니라 상대적인 개념이기에 가능하겠다.

이 같은 맥락에서 어떤 나쁜 일을 겪을 때 더 나쁜 일을 생각해 내면 그 일이 작은 불행이 된다는 뜻으로「이보다 더한 불행은 얼마든지 있다고 생각하라.」라는 구절이 〈탈무드〉에 나온다. 이것의 예를 이렇게 들 수 있겠다. 십만 원을 잃어버리면 이십만 원을 잃어버리지 않았으니 그보다 다행이라 여기고, 교통사고가 나서 부상을 당하면 목숨을 잃지 않았으니 그보다 다행이라 여기며 위안을 받는 것이다. 그런데 이걸 실제로 실천하기란 어려운 일이다.

권여선의 소설 〈사랑을 믿다〉에는 이러한 이야기가 펼쳐진다. 남자와 이별하고 실연의 고통 속에서 지내던 한 젊은 여성이 어머니 심부름으로 큰고모님 집을 방문하게 되었다. 거기서 우연히 불행한 사연이 있는 사람들을 만나는데, 그들은 그 여성의 큰고모님 집을 철학관으로 잘못 알고 찾아온 거였다. 그들 중 누구는 친지의 희귀병 때문에, 누구는 유괴된 손자 때문에, 누구는 바람난 남편 때문에 점을 보러 철학관을 찾아왔던 것. 그들의 기구한 사연을 듣게 된 그녀는 방문자들의 딱한 사정에 마음이 강하게 끌린다. 그리하여 그녀는 큰고모님 집의 계단을 내려오면서 그들을 위해 빌었다.

〈사랑을 믿다〉의 한 부분을 옮기면 다음과 같다.

「희귀병을 앓는 친지의 완쾌를, 유괴된 손자의 생사를, 바람난 남편의 귀가를, 자식을 앞세운 뒤 늙어가는 부부의 평안과 명랑을 빌었다. 그녀가 타인을 위해 뭔가를 이토록 절박하게 빌어본 적은 없었다. 계단을 다 내려왔을 때 그녀는 스스로가 다른 사람이 된 것처럼 느꼈다.」

다른 사람이 된 것처럼 느꼈다는 건 이제 남자와의 이별로

신음하던 그녀가 아님을 의미한다. 오직 타자를 위해 맘속으로 기원하는 행위는 자기 아픔에만 연연하던 늪에서 헤어나 승화된 경지로 들어섰음을 의미한다. 그 집을 방문하기 전과 후의 그녀는 확연히 다른 것이다. 타인의 불운한 일들에 비해 본인의 고통은 별것 아니라는 깨달음이 그녀를 변화시켰으리라.

이 이야기를 통해 세 가지를 정리해 본다. 첫째, 세상 어딘가에는 자기보다 더 불행한 자가 있기 마련이다. 둘째, 인간은 타자의 불행을 보고 위안을 받는 구석이 있다. 셋째, 스스로를 제대로 알기 위해서는 남의 처지에도 관심을 두어야 한다.

다른 이들과 비교하게 되는 인간 심리로 인해 생활에 불편할 정도로 가난하지 않아도 부자를 보면 자기가 가난하다고 느끼고, 그리 뚱뚱하지 않아도 날씬한 이를 보면 자신은 살을 빼야 한다고 여긴다. 그러므로 자신의 행복을 위해서는 본인보다 열위에 있는 자와 비교하는 게 좋다는 결론에 이른다.

행복은 마음먹기 달렸다는 뜻으로 소설가 솔제니친은 이런 말을 한 바 있다. "사람은 행복해지기로 결심하고 있는 한 행복하다. 아무것도 그를 막지 못한다."

부자의 불행과 빈자의 행복

언젠가 MBC 뉴스를 통해 놀라운 장면을 시청하게 되었다. 모 일간지 사장의 손녀인 초등학생이 사택 기사에게 폭언을 퍼부은 게 그대로 공개된 것이다. 갑질 사건은 터질 때마다 매번 국민들에게 충격을 주었는데, 이번엔 아이가 어른에게 갑질을 한 거라서 더 큰 충격을 주었다. 아이는 어떻게 갑질을 하게 되었을까?

그 아이의 어머니가 사택 기사에게 폭언 갑질을 한 걸 보고 똑같이 따라 했다고 한다. 갑질 사건의 중심에 선 이들은 부와 권력을 공통으로 가지고 있는데 그렇다고 해서 모든 게 만족스러운 건 아닌가 보다.

연암 박지원의 소설 〈예덕선생전〉에 매력적인 인물 둘이 나온다. 그중 엄행수라는 사람은 동네를 돌아다니며 똥을 져 나르는 일을 한다. 그는 남이 그에게 고기 먹기를 권하면 「허허, 목구멍을 지난 다음에야 나물이나 고기나 마찬가지로 배부르면 그만이지, 하필 값비싸고 맛 좋은 것만을 먹을 것이 무어냔 말이오.」 하고 사양하며, 또 새 옷 입기를 권하면 그는 「저 넓디넓은 소매돋이를 입는다면 몸에 만만치 않고, 새 옷으로 갈아입는다면 다시금 길가에 똥을 지고 다니지는 못할 것이 아니오.」 하고 사양한다. 그는 더럽고 힘든 일을 하면서도 자기 삶에 불만이 없고 분수를 지키며 평화롭게 산다.

또 한 사람은 선귤자이다. 그는 남들이 모두 무시하는 엄행수를 존중한다. 그에 따르면 엄행수는 하는 일이 더럽고 신분은 미천하나 마음이나 행동은 의롭기 때문에 존경할 만하다고 한다. 그래서 그는 엄행수를 '예덕 선생'이라고 부른다.

선귤자는 말한다. 「나는 음식을 먹을 때마다 그 차린 음식이 너무나도 먹을 것이 없을 땐, 반드시 이 세상에 나보다도 못한 가난뱅이가 있음을 생각했네. 그러나 이제 저 엄행수의 경지에 이른다면 무엇이라도 견디지 못할 것이 없겠지.」

엄행수는 더 이상 추락할 게 없기에 오히려 편안한 삶을 살 수 있는지 모른다. 그는 챙겨야 할 가족이 없으니 가족으로 인한 괴로운 일이 생기지 않으며, 타인의 인생을 좌지우지할 정도로 권력을 가지고 있지도 않고 명예도 없으니 그로 인한 근심도 없다. 그저 배고플 때 먹는 한 끼의 식사와 달콤한 밤잠이면 충분한 그런 삶을 산다.

그의 삶을 통해서 보면 행복의 조건이란 게 따로 있지 않은 것 같다. 오히려 어둠 속에서 빛이 더 밝듯이 불행 속에서 더 아름답게 꽃 피울 수 있는 게 행복이라는 역설이 가능하다. 결국 중요한 점은 각자 자기 삶을 대하는 태도라 하겠다. 이것이 즐거운 인생길과 괴로운 인생길로 갈라놓으므로.

이 글을 쓰면서 생각했다. 부자의 불행과 빈자의 행복에 대해서.

마음이 단단해지는 시간

예전에 이런 일이 있었다. 중학생이었던 딸아이의 목에 혹이 생겨 점점 커져서 큰 병원을 찾으니 의사가 조직 검사를 해야 한다고 한다. 그러면서 암센터에 가서 다음에 병원에 올 날을 예약하란다. 딸아이와 나는 암센터라는 말에 깜짝 놀랐다. 이는 곧 암이 의심된다는 말이기 때문이다. 우리 모녀는 그 병원 암센터로 향하면서 걱정과 두려움에 발걸음이 무거웠다.

예약한 날에 딸아이가 조직 검사를 받았다. 검사 결과를 이 주일 뒤에나 알 수 있다는 의사의 말에 우리는 아연실색

했다. 이건 우리한테 이 주일 동안이나 두려움에 떨며 지내라는 말에 다름 아니었으니.

그 이 주일 동안 딸아이와 난 입맛을 잃었고 밤잠을 설치기 일쑤였으며 '암일까 아닐까.' 하는 생각을 단 하루도 떨쳐 내지 못했다. 하루하루가 지옥이었다.

이 주일 뒤에 검사 결과를 보러 병원에 갔다. 다행히 암이 아니었다. 대수롭지 않은 병이라는 걸 확인하고 우리는 안도했다. 비로소 난 지옥에서 빠져 나온 것 같은 기분을 느꼈다.

이제 딸아이는 성인이 되었다. 며칠 전 사랑니 때문에 아파하더니 사랑니를 뽑기 위해 치과 예약을 해 놓았다고 한다. 사랑니를 뽑기 전에 맞는 마취 주사가 되게 아프다고 친구한테 들었다는 말도 늘어놓았다. 아플 게 걱정되냐고 내가 묻자 딸아이가 답했다. "아니, 옛날에 암센터도 갔다 왔는데 뭐."

암센터 일로 딸아이의 마음이 단단해졌구나 싶었다. 마음이 힘든 시간을 보내고 나서 남은 게 그때의 고통스런 느낌밖에 없다면 참 아쉬운 일이다. 그런 시간들이 마음을 단단하게 만들어서 앞으로 걸을 인생길에서 무슨 일을 겪든 잘 버티게 해 준다면 그것은 헛된 시간이 아니다.

내게도 그런 경우가 있었다. 감기로 병원에서 아픈 주사를 맞을 때 나는 여간해서 겁이 나지 않는다. 애를 낳아 본 경험도 있는데 주사 따위는 출산의 고통에 비하면 아무것도 아니다, 라는 생각이 들어서다.

누구라도 그러하듯 나 또한 살아오면서 마음이 힘든 시간을 여러 번 가졌다. 앞으로도 그런 힘든 시간을 맞게 될 때가 있으리라.

나는 바란다. 마음이 힘든 시간을 가질 때마다 그 시간이 그저 힘든 시간인 것만 아니고 마음을 단단하게 만드는 시간이라는 것을 잊지 않기를. 모든 사람들이 그러하기를.

마음의 기적

'존시'와 '수'는 예술가촌의 3층 벽돌 건물의 꼭대기에 아틀리에를 갖고 있다. 어느 날 존시는 심한 폐렴에 걸려 환자가 되고 만다. 창밖으로 보이는, 담쟁이덩굴에 붙어 있는 나뭇잎을 세고 있었던 그녀는 담쟁이 잎이 모두 다 떨어지면 자기도 죽을 거라는 망상에 사로잡힌다. 존시는 수에게, 담쟁이 나뭇잎이 사흘 전에는 거의 백 장이나 되었는데 이제 남은 것은 다섯 장뿐이라고 하면서 「마지막 잎새마저 떨어지면 나도 가게 될 거야.」라며 자신의 삶을 포기한다.

그런데 이변이 일어났다. 세찬 빗발과 몰아치는 바람이 밤새도록 계속되었는데도 여전히 벽돌담 위에 담쟁이 잎새 하나가 또렷이 남아 있는 것이었다. 사실 이 잎새는 1층에 사는 화가인 버만 노인이 벽에 그린 그림이었다. 이 노인은 존시가 삶을 포기했다는 걸 수로부터 전해 듣고 그녀를 가여운 아가씨라 여기며, 어떠한 바람에도 떨어지지 않을 '마지막 잎새'를 벽에 그린 것이다. 이 그림 덕분에 존시는 「내가 얼마나 나쁜 애였나를 보여 주려고 무언가가 저 마지막 잎새를 저기에 남아 있게 한 것 같아.」 하고는 살기로 마음먹고 병을 이겨 낸다. 하지만 휘몰아치는 비바람을 맞으며 밤새도록 벽에 잎새를 그리느라 힘들었던 노인은 급성 폐렴으로 죽는다. 오 헨리의 〈마지막 잎새〉라는 소설이다.

이 소설을 읽고 버만 노인의 아름다운 이웃 사랑에 주목할 수도 있고, 한 사람의 정성이 한 생명을 구한 것에 주목할 수도 있으나, 난 마음의 신비에 주목하였다. 인간의 삶과 죽음을 좌지우지할 만큼 신기한 마음의 기적을 느꼈다.

만약 노인의 그림이 없었다면 그래서 그 마지막 잎새가 떨어지고 말았다면 존시는 어떻게 되었을까? 아마 그녀는 죽었을 터였다. 의사도 존시가 살아날 가망성이 거의 없다고 말하고 나서 이렇게 덧붙여 말했었다. 「그 실낱같은 희망도 본인이 살고 싶다는 의지를 보일 때만 기대할 수 있어요. 사람들이 그렇듯이 장의사 쪽에 줄을 설 생각만 해선 어떤 약을 처방해도 소용없지.」라고.

소설에서가 아닌 현실에서도 의사들은 암에 걸린 환자의 보호자에게 "무엇보다 중요한 것은 환자의 의지입니다. 병을 이겨 내겠다는 의지가 병을 낫게 합니다."라고 말하는 경우가 많다.

내가 마음의 영역에 신비로운 힘이 있음을 깨달은 건 중학교 때였다. 체육 시간에 '철봉 오래 매달리기'라는 것을 했는데 철봉에 턱걸이한 자세로 30초 동안 매달려 있어야 만점을 받는 거였다. 한데 철봉에 최대한 매달려 있으려고 노력해도 겨우 몇 초 동안 매달리고는 몸이 곧 땅으로 떨어지곤 했다. 놀랍게도 정작 시험을 보는 날엔 삼십 초 동안 매달려 있어서 만점을 받았다. 그 당시 내가 삼십 초 동안이나 철봉을 잡고 오래 버텼던 건 참으로 기이한 일이었다. 점수를 잘 받아야 한다는 의지가 강하게 작용했던 결과다. 그야말로 '마음의 기적'이 일어난 것이다. 아마 철봉 밑에 으르렁거리는 짐승들이 있다면 인간은 초능력을 발휘해서 철봉에 매달려 있으리라.

마음가짐에 따라 죽음과 삶을 오갔던 존시의 모습에서 우리 또한 마음가짐에 따라 천국에서 살 수도 있고 지옥에서 살 수도 있다는 것을 새삼 깨닫게 된다. 한 생명을 얻거나 잃는 중대한 문제도 마음에 달렸다고 할 때, 마음이 영향을 주지 않는 일이란 하나도 없을 거라는 생각이 든다. 인생에서 행복과 불행이 재산이나 사회적 지위에 따라 좌우되기도 하지만 마음에 따라 좌우되기도 한다는 점은 우리에게 큰 위안이 되지 않는가.

"바다보다 더 장대한 것은 하늘, 하늘보다 더 장대한 것은 사람의 마음이다." 빅토르 위고가 한 말을 음미하며 이 글을 끝낸다.

결과는 모르는 일

외출했다가 택시를 타고 집에 올 때가 있다. 보통 때는 찻길에서 내리는데 며칠 전엔 짐이 많아 택시 기사에게 경비실이 있는 곳까지 들어가 달라고 했다. 내가 내리고 나면 택시가 방향을 바꿔 나가야 해서 택시 기사에게 불편을 끼쳐 미안했지만 짐이 무거워 그렇게 했다. 그날따라 체크 카드를 가지고 있지 않아 현금으로 택시 요금을 내려는데 사천 구백 원이라고 한다. 난 오천 원짜리 지폐 한 장을 내면서 백 원의 거스름돈을 받아야 할지 말아야 할지 고민에 빠졌다. 얼떨결에 백 원을 받고 말았으나 이런 일을 경험할 때마다 일이 백

원 정도의 잔돈을 어떻게 하는 게 좋을지 잘 모르겠다.

미용실에서 거스름돈 몇천 원을 받지 않는 사람을 본 적이 있다. 그런 행동엔 자기 과시가 있을 수 있겠으나 상대방을 위해 적은 돈은 양보하겠다는 따뜻한 배려가 담겨 있는 듯하다. 문제는 그런 배려가 있음에도 불구하고, 잔돈을 받지 않는 것이 진정으로 상대방을 위하는 일이고 나아가 바람직한 사회 만들기에 일조하는 일인가 하는 점이다. 즉 우리가 추구해야 할 문화인가 하는 것이다.

혹시 거스름돈을 받지 않는 이들이 많아지면, 잔돈을 꼬박꼬박 챙겨 받는 이들이 잘못한 것도 없이 욕을 먹는 풍토가 조성되는 게 아닌가 하여 조심스럽다. 거스름돈을 받는 게 당연하다고 여기는 사람들에 대해 곱지 않은 시선이 생길 수 있음을 환기할 때 잔돈을 양보하기가 주춤해진다. 또 한 가지, 거스름돈을 받지 않을 때 상대측 기분을 헤아리는 일을 간과해서는 안 된다는 점이다. 상대측이 자기 처지가 남보다 못해 손님이 잔돈을 받지 않는 거라고 여겨 불쾌해할 수 있어서다. 그래서 십 원짜리라도 거스름돈을 확실히 주고받는 것이 좋겠다는 결론을 내렸다. 내가 선의로 행할지라도 그 결과는 모르는 일이기 때문이다.

결과는 모르는 일임을 잘 보여 주는 전설이 있다. 신라 때 경주에 한 과부가 살고 있었는데 그 과부에게는 일곱 아들이 있었다. 남편 없이 사는 게 쓸쓸했는지 그 과부는 문천 건너 쪽에 정부(情夫)를 한 사람 두게 되었다. 그리고 매일 밤마다 아이들이 잠든 틈을 타서 시내를 건너 정부에게 갔다가 새벽이 되면 돌아오곤 하였다. 당시는 다리가 없었으므로 어두운 밤중에 그 시내를 건너가는 것은 고생스러운 일이었다. 아들들은 이 사실을 알게 되었고, 어머니가 밤에 시냇물을 건널 때 크게 고생함을 생각하고는 어머니를 도울 방도를 궁리했다. 그리하여 서로 의논한 끝에 모두 힘을 합하여 돌을 놓아 훌륭한 다리를 만들었다. 이 사실을 안 과부는 크게 부끄러워하며 다시는 정부를 찾아가지 않았다.

이 전설은 많은 생각을 하게 한다. 아들들의 효성스러운 행동이 결론적으로 보면 어머니께 효도를 한 것일까, 불효를 한 것일까?

우선, 효도를 한 것으로 볼 수 있다. 그렇게 효심이 지극한 아들들임을 알게 되었으니 어머니가 스스로 행복한 어머니라고 여긴다면 말이다. 또 이렇게 볼 수도 있다. 정부와의 결별로 더 이상 남의 눈을 피해 밤길을 다닐 필요가 없고 혼자서 비밀을 갖고 살아야 하는 불편함도 없앨 수 있었으니 아들들이 예상한 것과는 다른 효도를 한 것이 된다.

하지만 다른 한편으로 불효를 한 것으로 볼 수 있다. 첫째, 아들들이 다리를 놓아 어머니의 떳떳지 못한 밀애를 부추겼으니 불효를 한 것이다. 둘째, 어머니가 아들들이 자신의 밀애를 알았다는 사실에 몹시 부끄러워 괴로워했다면 불효를 한 것이다. 셋째, 어머니가 정부와 결별하게 된 결과를 볼 때 불효를 한 것이다. 정부를 만나는 즐거움을 잃었으니.

어쨌든 이 전설은 선의의 효심으로 시작한 행동일지라도 '결과는 모르는 일'이라는 걸 깨닫게 한다.

지나온 시간을 돌아보면 세상일은 예측이 어긋날 때가 많았다. 그렇기에 확신을 갖는 것이 어리석고 차라리 확신을 갖지 않는 게 지혜롭다는 생각이 든다.

결핍의 힘

영국 밴드 '퀸'의 보컬리스트 '프레디 머큐리'의 자전적 이야기를 담은 '보헤미안 랩소디'라는 영화를 관람했었다. 음악도 좋았지만 진한 감동을 주는 내용은 더 좋았다. 이민자 출신의 노동자인 주인공이 음악에 대한 뜨거운 열정 하나로 대성공하여 그가 가질 법한 모든 약점을 사라지게 한 점이 인상적이었다. 마음먹기에 따라서 열등감 유발 요인은 삶에 별 영향을 미치지 않는다는 것. 아니 오히려 열등감으로 인해 자기 능력을 최대한 발휘할 수 있다는 것. 이런 생각이 들게 한 영화였다.

'해리 포터' 시리즈로 유명한 작가 '조앤 K. 롤링'은 이혼한 뒤 아이의 분윳값을 벌기 위해 글을 쓰기 시작했다고 한다. 만약 그녀가 어린 딸을 부양하는 이혼녀가 아니었고 생활비가 넉넉했다면 해리 포터를 쓰지 않았을지 모른다. 부유한 기혼자였다면 그런 불후의 명작이 이 세상에 나오지 않을 수도 있었다는 얘기다. 그녀가 세계적인 베스트셀러 작가가 된 것은 꼭 필요한 돈을 벌기 위함이었으니.

〈달과 6펜스〉와 〈인간의 굴레〉로 유명한 작가 '서머싯 몸'은 열 살 때 부모를 잃고 백부 집에서 불행한 어린 시절을 보냈다. 의학교에 입학하여 의사 면허를 취득했지만 작가를 지망하여 10년간 가난하게 살았다. 그럼에도 불구하고 그는 대작가가 되었다.

위의 세 가지 실례를 든 이유는 어느 면에서 미흡한 점이 있더라도 왕성한 활동력을 보이며 성공하는 이들이 있다는 걸 말하고 싶어서다. 바꾸어 말하면 결핍은 평범한 사람을 뛰어난 인물로 만들기도 한다는 것이다. 만족하기보다 불만족스러운 상황에서 고뇌하고 연구할 때 수준 높은 예술 작품이 탄생한다. 우리가 부유한 예술가보다 가난한 예술가에게서 진정한 가치를 발견하게 되는 것도 그의 밑바탕에 깔려 있는 결핍 때문이 아닌가 싶다.

남보다 부족한 면이 있는 이들이 자기 꿈을 이룬 경우는 많다. 운동선수를 예로 들면 부자인 선수보다 빈자인 선수가 꿈을 이루고 싶은 마음이 더 절실한 법이다. 또 어느 경기에서든 이긴 자보단 진 자가 그다음 경기에서 이기고 싶은 열망이 더 강렬한 법이다. 패배감을 맛본 자는 승리에 대한 갈망으로 가득 차 노력을 집중하여 전화위복의 기회를 가질 수 있다.

오늘날 우리나라가 경제 대국이 된 것도 육이오 전쟁을 치른 뒤의 가난한 시절이 있었기에 가능했다. 그 시절의 어려움이 우리 국민으로 하여금 국가 경제를 발전시키고 싶은 강한 욕구를 갖게 만들었다.

각자의 시각에 따라서 희극의 무대에서 살 수도 있고 비극의 무대에서 살 수도 있는 게 인생인 것 같다. 비극적인 일로 느껴지는 것도 각도를 바꿔서 바라보면 희극적인 일이 되기도 하니까. 어떤 각도에서 보면 결핍은 높은 곳을 향해 큰 에너지를 쏟게 만드는 위대한 힘을 가지고 있다.

거짓말이 허용되는 조건

혼자 사시는 친정어머니가 적적할까 봐 친정에 자주 들른다. 어쩌다 내가 감기몸살에라도 걸려 며칠 동안 가지 못하면 친정어머니는 음식을 만들어 우리 집에 오신다. 와서 아픈 나를 보고는 얼굴이 핼쑥하다며 그늘진 표정이 된다. 이 같은 경험을 몇 번 하고 나니 이젠 내게 거짓말을 둘러대는 요령이 생겼다. 아프다는 말 대신, 할 일이 많아서 친정에 갈 수 없다고 거짓말을 하는 것이다. 이럴 때 거짓말은 친정어머니와 나를 다 편하게 만든다.

우리 대부분은 진실을 말해야 옳다는 건 알지만 종종 거짓말을 해야 할 때가 있다. 자신을 위해 거짓말을 하거나 상대방을 위해 거짓말을 한다. 만약 인간이 늘 진실만을 말해야 한다면 정신적으로 고단한 삶을 살게 될 듯싶다. 그래서 때로 거짓말이 필요한 것 같다. 예를 들면 친구가 옷을 새로 사 입고 나와서 "이 옷 어떠니?"라고 묻는 말에 사실을 말한답시고 "별로 예쁘지 않아."라고 말해 준다면 그 친구의 기분은 어떨까? 항상 사실대로 말해서 친구의 기분을 상하게 한다면 둘은 좋은 관계를 유지할 수 있을까?

이런 예를 생각해 보자. 우연히 어느 커피숍에서 친한 친구의 남편이 한 여성과 만나는 걸 목격하게 되었다. 두 사람을 자세히 살펴보니 연인 관계로 보였다. 이때 이 얘기를 친구에게 해 주는 게 옳은지 그른지. 어떻게 하는 것이 그 친구를 위하는 일이 되는 건지. 만일 이 얘기를 해 주지 않는다면 그 친구는 남편에게 속고 사는 바보가 되는 것이고, 불륜 관계에 있는 두 사람의 감정이 점점 깊어져서 그 친구가 더 큰 불행에 빠질 수 있다. 그 남편이 비밀리에 연애를 하다가 언젠가는 연인 관계를 정리할 거라고 가정해 본다면, 굳이 그 말을 전해서 그 친구를 불행에 빠뜨릴 필요가 없다.

또 이런 예를 생각해 보자. 건강이 좋지 않아 요양원에 있는 어머니가 있는데 그녀 아들이 자동차 사고로 죽었다. 가족은 어머니에게 이 사실을 말해야 할지 아니면 충격과 고통에 빠지지 않도록 이 사실을 숨겨야 할지. 어떻게 하는 게 최선인지.

이에 대해 자신이 어머니라고 가정하여 어느 쪽을 원할 것인가를 상상해 보고 결정하는 방법이 있다. 우리가 제삼자 입장에서 보면 어떤 선택을 하는 게 좋다고 판단할까? 어떤 이는 어머니가 심적 고통을 받더라도 진실을 알려야 한다고 할 테고, 어떤 이는 어머니가 심적 고통을 받지 않도록 알리지 말아야 한다고 할 것이다.

진실을 꼭 밝혀야 하는 경우는 언제인가? 진실이 아닌 거짓으로 인해 누군가가 피해를 당한 때다. 가령 어느 축구 시합에서 누군가가 반칙을 했고 그 반칙을 공개하지 않아 상대편 선수들이 피해를 당하는 상황이라면 진실을 밝혀야 한다. 또 죽어가는 암 환자가 있다면 삶이 얼마 남지 않은 것에 대해 의사나 가족이 말해 줘야 한다. 그 이유는 그 진실이 암 환자에게 고통을 준다고 할지라도 진실을 말해 주지 않으면 삶을 정리할 시간을 갖지 못하는 피해를 입기 때문이다.

빅토르 위고의 소설 〈레 미제라블〉에 장발장이라는 인물이 나온다. 그는 배고파하는 어린 조카들을 위해 빵 한 조각을 훔친 죄로 감옥에서 19년의 세월을 보내다가 석방된다. 그런 장발장에게 은혜를 베풀어 준 이는 미리엘 신부였다. 미리엘 신부는 장발장에게 하룻밤 잠자리를 제공해 준다. 그런 신부의 친절에도 불구하고 장발장은 성당의 은그릇을 훔쳐서 도망쳐 버린다. 하지만 다음 날 아침 경관들에게 잡혀 성당으로 끌려온다. 장발장은 다시 도둑질을 한 죄인이 되고만 것이다. 그러나 장발장에게 화를 낼 줄 알았던 미리엘 신부는 뜻밖에 다음과 같이 말한다.

「"오, 수고들 많소. 그런데 장발장이 아니시오? 당신을 다시 보게 되어 반갑습니다. 그렇지 않아도 가져가시라고 드린 물건 가운데 은그릇만 가져가셨기에 왜 은촛대는 안 가져가셨는지 궁금했습니다."」

신부는 벽난로 위에서 은촛대 두 개를 가지고 오더니 장발장 앞에 내밀었다. 장발장은 몸을 부들부들 떨며 얼떨결에 은촛대를 받았다. 이 일에 감동한 장발장은 다시는 죄를 짓지 않기로 굳게 결심한다.

미리엘 신부가 거짓말을 했던 것은 장발장에 대한 연민이 그 가슴속에 있었기 때문이리라. 그 거짓말은 장발장으로 하여금 새로운 삶을 살게 만드는 계기를 만들어 주었기에 결과적으로 아름답고 훌륭한 거짓말이 되었다. 우리가 어쩔 수 없이 거짓말을 해야 할 경우가 생기면 미리엘 신부의 거짓말을 떠올려 보는 것이 좋을 듯하다.

긍정으로 평안을

‘건강을 위해 운동을 꼭 해야겠어.’ 하면서도 좀처럼 하게 되질 않았다. 밖에 나가는 걸 싫어하기도 하고 워낙 운동에 취미가 없어서였다. 학창 시절에도 체육 시간을 싫어했다. 그러던 내가 걷기를 좋아하게 된 데는 결정적 계기가 있었다.

오래전의 일이다. 소화 불량에 자주 걸려 내과 병원에서 ‘위내시경 검사’를 받았다. 위에 이상은 없으나 소화 능력이 약하다는 결과가 나왔다. 의사는 방치하면 큰 병이 생길 수 있으니 몸을 많이 움직이라고 조언하며 산책을 권했다. 의사의 말이 걱정되기도 했고 소화 불량으로 배가 더부룩하고 답답한 느낌이 싫었다. 그때부터 목마른 사람이 우물을 파듯 걷기 운동을 매일 한 시간씩 하게 되었다. 걷고 나면 신기하게도 소화 불량 증세가 없어지는 것 같았다. 이것이 지금껏 십 년 넘게 걷기 운동을 하게 된 이유다.

오랫동안 습관처럼 걷다 보니 산책의 맛을 알게 되어 이젠 걷지 않으면 몸이 근질거릴 정도다. 핸드폰에 연결한 이어폰으로 감미로운 음악을 들으며 집 주변을 다니면서 이 동네 저 동네를 구경하는 게 흥미롭다. 예쁘게 조성된 공원이나 아파트 단지 안에서 나무와 꽃을 감상하는 것도 즐겁다. 걷다가 아름다운 풍경을 보면 사진을 찍어 두어 블로그에 올리기도 한다. 이런 행복은 소화 불량이 나에게 준 선물이라고 생각한다. 걸음으로써 건강해짐은 덤으로 받은 셈이다.

이럴 때 소화 불량으로 인해 걷기 운동을 했더니 즐거워졌고 건강을 유지할 수 있게 됐다고 여긴다면 긍정적인 해석을 한 것이다. 반대로 소화 불량으로 인해 어쩔 수 없이 걷기 운동을 해야 해서 귀찮다고 여긴다면 부정적인 해석을 한 것이다. 나는 마음의 평안을 얻기 위해 가능한 한 긍정적인 해석을 하려고 노력한다.

몇 년 전에는 팔에 문제가 생겼다. '테니스 엘보'라는 병으로 한동안 병원에 다녔었다. 지금은 병이 많이 호전되긴 했으나 팔을 무리하게 쓰면 여전히 통증이 생긴다. 집안을 청소기로 삼십 분 이상 청소하거나 무거운 물건을 들고 나면 팔이 아파 조심하며 살 수밖에 없다. 방 걸레질을 깨끗이 하고 싶어도 팔 때문에 다음날로 미루어야 할 땐 답답하다. 해야 할 일을 하루에 다 끝내야 속이 시원할 텐데 말이다. 팔이 불편한 게 불행한 일이라고 느꼈다.

시간이 한참 지난 뒤에야 환자라서 좋은 점이 있다는 걸 깨달았다. 좋은 점이란 가족이 나를 배려해 준다는 것이다. 예를 들면 남편은 나를 위해 휴일마다 대청소를 해 주고 쓰레기를 치워 준다. 아이들은 함께 장을 보러 가면 산 것들을 내가 들게 하지 않고 자기들이 든다. 이와 같은 배려가 나에 대한 가족의 사랑 같아서 난 기분이 좋아지고 예전보다 편한 생활을 하고 있다.

팔의 병을 생각할 때 나는 현명해야 한다고 다짐하곤 한다. 팔의 통증에 주목하느냐, 가족의 배려에 주목하느냐. 이 두 가지 중 하나를 선택하는 일에 현명해야 함을 말한다. 팔의 통증에 주목하면 불행한 자가 되고 가족의 배려에 주목하면 행복한 자가 되므로.

이러한 예를 보자. 커피를 좋아하나 건강을 위해 하루에 한 잔만 마시기로 한 사람이 있다. 마시다 보니 커피잔에 커피가 반만 남았다. 이때 그는 커피가 반이나 없어졌다고 보거나 또는 커피가 반이나 남았다고 볼 수 있다. 나라면 후자를 택하겠다.

대체로 긍정적인 시각이 마음을 편안하게 해 주는데 긍정의 눈으로 볼 수 있는 것도 부정의 눈으로 봐서 스스로 불행한 이가 될 수 있다는 점을 경계한다. 행복하기 위해서는 노력이 필요하다고 믿기 때문이다.

인간의 감정이 사고(思考)에 영향을 미치기도 하지만 그 반대의 경우도 있다. 데이비드 번즈의 〈우울한 현대인에게 주는 번즈 박사의 충고〉에 의하면 인간의 사고(思考)가 감정과 기분에 영향을 미친다고 한다. 다시 말해서 사고가 감정을 만든다는 얘기다. 부정적으로 본 것도 자기 의지로 긍정의 눈으로 볼 수 있다는 건 얼마나 다행한 일인가. 이는 불행을 행복으로 바꿔서 느낄 수 있다는 것이니 생각하기에 따라 평안을 얻는 건 얼마든지 가능함을 말해 준다.

살면서 겪은 이런저런 일들을 뒤돌아보면 당시의 해석과 훗날의 해석이 다른 경우가 많았다. 가령 처음엔 부정적으로 받아들였던 일이 나중엔 긍정적으로 받아들여지기도 한다. 그러니 해석이란 게 딱 정해져 있는 것이 아니다. 결국 어떻게 해석할 것인지는 우리 자신의 선택에 달려 있다.

성공은 다른 실패를 낳을 수 있다

안톤 체호프의 작품 중에 〈내기〉라는 단편 소설이 있다. 젊은 두 사람이 '내기'로 승부를 겨루는 이야기다.

「"당신이 독방에 오 년 동안 들어가 있을 수 있다면 이백만 루블을 걸겠소."」라는 은행가의 제안에 변호사는 이렇게 답한다. 「"오 년이 아니라 십오 년을 조건으로 내기에 응하겠소."」라고. 그리하여 십오 년을 독방에서 지내면 이백만 루블을 받게 되는 '내기'가 시작된다. 과연 그는 십오 년 동안 바깥에 나가지 않고 독방에 갇혀 지내는 생활을 끝까지 할 수 있을까?

변호사는 은행가의 집 정원에 지어진 바깥채 중 하나에서 엄중한 감시 속에 감금되도록 결정됐다. 악기를 지니고 있거나 책을 읽고 편지를 쓰는 일, 술을 마시고 담배를 피우는 건 허용되었다. 책이든 악보든 술이든 그가 필요로 하는 모든 것들은 메모지에 쓰기만 하면 무한정 공급받을 수 있지만 반드시 창문을 통해야만 했다.

혼자 감금된 변호사는 글을 쓰기도 하였다. 6년 반이 되었을 때 외국어와 철학과 역사를 열심히 공부하기 시작했다. 그가 이런 학문들에 너무도 탐욕스럽게 몰입해서 은행가는 책을 대주기가 벅찰 정도였다. 10년째가 되는 해가 지났을 때 그는 오직 복음서만을 읽었다. 마지막 2년 동안은 종류를 가리지 않고 엄청나게 많은 책을 읽었다. 마침내 그는 15년간의 독방 생활을 무사히 마치고 2백만 루블이라는 거금을 손에 거머쥘 수 있었다. 그런데 여기서 반전이 일어난다. 15년이 되는 날의 바로 전날 그가 종이에 쓴 글이 있었다. 그가 잠자는 틈을 타 몰래 방 안으로 들어온 은행가는 그 종이를 읽게 된다.

「내일 열두 시에 나는 자유를 얻고 사람들과 교류할 권리를 갖게 된다.」라고 시작하는 종이에는 다음과 같은 내용이 마지막에 적혀 있었다. 「나는 그대들의 삶의 방식에 대한 경멸을 표현하기 위해, 내가 한때 천국을 꿈꾸듯 갈망했으나 이제는 하찮게 보이는 이백만 루블을 거부하겠다. 그 돈에 대한 자신의 권리를 스스로 박탈하기 위해 나는 약속한 기한이 다 되기 다섯 시간 전에 여기에서 나갈 것이며 그럼으로써 스스로 계약을 위반하는 바이다…….」 이러한 글을 남기고 변호사는 종이에 쓴 대로 다음 날 사라진다.

'내기'에서 이긴 변호사가 은행가로부터 2백만 루블이라는 거액을 받을 수 있는데도 왜 받지 않고 사라졌을까? 돈이 하찮게 보인다는 건 돈이 인간을 행복하게 해 주지 않음을 깨달아서인가. 책을 많이 읽어 학문이 뛰어나게 되면 성공이나 출세를 비롯해 모든 것이 무의미하고 부질없게 느껴지는 게 아닐는지.

이 소설을 읽고 나서 난 성공에 대하여 다른 각도에서 생각해 보았다. 성공은 다른 실패를 낳을 수 있다고 말이다. 성공을 위해 무언가에 몰두함으로써 놓치는 게 있기 마련이기 때문이다. 예를 들면 기혼자인 한 여성이나 남성이 어느 분야에서 명성을 얻을 정도로 자기 꿈을 이루었다면 거기에는 반드시 다른 문제가 최소한 하나쯤 숨어 있을 가능성이 크다. 가령 배우자와 함께할 시간도, 자녀와 함께할 시간도 모두 꿈을 이루려고 노력하는 것에 바쳤을 테니. 즉 목표를 달성하려고 혼자서 애써 노력하는 시간들 속에는 가족이 없었다는 얘기다. 그래서 본인은 한 분야에서 최고가 되었을지 몰라도 본인이 목표를 향해 전진하는 동안 배우자와 자녀는 행복하지 않았을 것이다. 과장해서 말하면 그의 가정은 실패한 가정이다.

또 하나의 예로 세계적으로 유명한 스티브 잡스. 그는 애플 CEO로 활동하며 아이폰과 아이패드를 출시하여 세상을 크게 변화시킨 위대한 창조자가 되었다. 그러나 너무 바빠 몸을 돌보지 못했는지 췌장암에 걸려 투병하다가 2011년에 죽었다. 그의 나이 56세였다. 그는 사회적으로 성공했으나 건강 면에서는 실패한 인생을 산 셈이다.

짐작하건대 세상 이치를 꿰뚫을 만큼 높은 경지에 도달하게 되면 성공과 실패가 헷갈리고 행복과 불행이 헷갈릴 듯싶다. 왜냐하면 커 보였던 성공과 실패의 격차가, 커 보였던 행복과 불행의 격차가 좁혀져서 나중엔 성공과 실패의 경계선이, 행복과 불행의 경계선이 희미해져 보이게 될 것 같기 때문이다. 이런 생각으로 〈내기〉의 주인공인 변호사가 거액을 포기하고 달아난 거라고 추측해 볼 수 있겠다.

여기서 짚고 넘어가고 싶은 점이 있다. 성공한 삶과 행복한 삶은 다르다는 사실이다. 성공과 행복은 동의어가 아니라는 것이다. 오히려 성공할수록 다른 실패가 생기고, 성공할수록 외로워져서 행복과 멀어질지 모른다.

싫어하는 일을 매일 두 가지씩

서머싯 몸의 〈달과 6펜스〉라는 소설에 다음과 같은 대목이 나온다. 「정신 수양을 위하여 자기가 싫어하는 일을 매일 두 가지씩 하는 게 좋다고 충고한 사람이 누구였던가? 어떤 현자의 말인데 누구였는지 생각이 안 난다. 나는 그 가르침을 아주 꼼꼼하게 따르고 있다. 날마다 아침에 잠자리에서 일어나고, 밤에는 잠자리에 드는 것이다.」

이 글을 읽다가 웃음을 터뜨렸다. 자기가 싫어하는 일이 '아침에 잠자리에서 일어나고 밤에는 잠자리에 드는 것.'이라니. 그걸 싫어하지만 매일 실천하고 있다니. 이렇게 천연

덕스럽게 글을 쓰는 작가에게 난 즉시 매혹되고 말았다. 마치 자신은 웃지 않으면서 우스갯소리를 하는 것 같은 사람에게 어찌 마음이 끌리지 않을 수 있겠는가.

나도 정신 수양을 위해 내가 싫어하는 일을 매일 두 가지씩 해 보고자 한다. 그 두 가지는 물론 좋은 일이어야 할 것이다. 우선 '길거리의 쓰레기를 치우는 일.'을 상상해 본다. 한데 길거리의 쓰레기 중에 아주 더러운 게 있으면 어떡하나. 쓰레기에 개똥이 묻어 있을 수 있잖아. 또는 토사물이 묻어 있을 수도 있잖아. 오래 끌 것도 없이 내가 길거리의 쓰레기를 치우는 건 어렵겠다는 결론이다.

이번엔 '자기 차례를 기다리며 줄을 서다가 뒷사람을 앞에 서게 양보하는 일.'을 상상해 봤다. 차례를 기다리며 줄을 서고 있는 게 얼마나 지루한 일인데 게다가 뒷사람을 앞에 서게 양보하다니. 역시 어려울 듯싶었다.

이러다 보니 싫어하는 일을 매일 두 가지씩 하기란 예상했던 것보다 어렵다는 사실을 깨닫는다. 만약 남을 이롭게 하는, 자신이 싫어하는 일을 하며 사는 이들이 많아진다면 아름다운 세상이 될 것 같다.

아! 가만히 생각해 보니 나도 이 소설의 화자와 같이 '아침에 잠자리에서 일어나고, 밤에는 잠자리에 드는 것.'을 싫어하고 이를 매일 실천하고 있다. 밤이 되면 잠자기 싫어서 억지로 잠을 청하고 아침이면 일어나기 싫은데 잘 일어나고 있으니.

예전에 소원 중 이런 게 있었다. '시간에 구애받지 않고 잠자고 싶으면 잠을 자고, 일어나고 싶으면 일어나는 것.' 이러한 소원을 생각하다가 알아낸 게 있다. 혼자 살아야 그렇게 살 수 있다는 것을. 내 잠을 방해하는 소리를 내는 식구들이 없어야 하고, 내가 아침상을 차려 줘야 하는 식구들이 없어야 하므로.

한때는 독신자를 부러워하기도 했다. 그들은 내 소원을 이루며 사는 것 같아서였다. 독신자라면 직장에 다니더라도 휴일이면 아무 때나 잠을 자고 아무 때나 일어날 수 있을 테니 말이다. 그들을 부러워하다가 언젠가 나도 혼자 살 수 있는 날이 오지 않을까 기대하게 되었다. 훗날 애들이 결혼을 하게 되고 남편과 내가 주말부부가 되면 가능하겠다 싶었다.

이젠 바람이 달라져서 저녁이 되면 식구들이 들어오는 게 좋다고 여긴다. 혼자 있는 걸 여전히 즐기지만 밤에 혼자 잠자는 것이 무서워서다. 또 저녁이 되면 식구들이 들어와 훈훈함을 자아내는 분위기를 좋아해서다.

다음과 같이 정리하련다. '젊음이 아름다운 건 젊음이 있는 시간이 짧기 때문이다. 젊음이 늘 유지된다면 아름답게 여길 리 없다. 꽃이 아름다운 건 꽃이 피어 있는 시간이 짧기 때문이다. 꽃이 늘 피어 있다면 아름답게 여길 리 없다. 마찬가지로 잠은 시간에 구애받으며 짧게 자야 달콤한 법이다. 그러므로 지금처럼 정해진 아침 시간에 일어나고 정해진 밤 시간에 잠자야 한다.'

이같이 정리하고 나니 행복이란 긴 시간 동안 가질 수가 없겠구나, 짧아야 행복할 수 있는 거구나 하는 느낌이 든다.

즐길 수 있으려면

생각은 변하였다. 한때는 연봉이 많은 직업을 가진 자가 잘사는 것 같았다. 한때는 좋은 배우자를 만난 자가 잘사는 것 같았다. 나이를 먹고 나니 취미를 가지고 즐기는 자가 잘 사는 것 같다.

직업과 취미가 일치하는 이가 있다. 이 같은 사람은 좋아하는 일을 하면서 돈을 벌기에 뭇사람들의 부러움을 산다. 노래 부르기를 좋아하는 가수라든지 그림 그리기를 좋아하는 화가, 또는 빵을 만드는 걸 좋아하는 제빵사가 이에 속하리라. 그다음으로 직업과 취미가 다르지만 취미로 즐겁게 사는 이가 있다. 이런 이도 취미가 없는 이들의 부러움을 산다.

인간은 누구나 삶의 고단함을 느끼곤 한다. 그럴 때 재미에 빠질 수 있는 취미를 가지고 있다면 큰 위로가 된다. 나의 경우 독서가 그렇다. 책은 나를 유년 시절에 뛰놀던 마당으로 데려가기도 하고, 지식인의 내면세계로 데려가기도 하고, 조용하고 한적한 섬으로 데려가기도 한다. 그 어느 쪽도 나는 다 흡족하다. 책이 주는 즐거움을 느끼며 산다는 건 행운의 별을 가슴에 품고 사는 일이다. 책을 살 때마다 설레고 첫 장을 펼치면서 설렌다. 책은 잡념과 걱정을 없애 주는 장점이 있기도 하다. 만약 내가 독서의 즐거움을 알지 못했다면 지금보다 잡념이 두 배로 늘어나고 걱정도 두 배로 늘어날 듯하다.

하지만 처음부터 책 읽기가 수월하고 재밌는 이들도 있겠으나 대체로 독서를 즐기려면 적지 않은 시간을 투자해야 한다는 걸 얘기해야겠다. 최소한 이삼십 권 정도는 읽어 봐야 책에 매료될 수 있을 거라고 믿는다. 물론 이삼십 권을 선택할 땐 자신의 관심을 끄는 내용으로 골라야 한다. 책 대신 악기를 예로 들어 설명할 수 있다. 바이올린을 처음 켜게 되면 듣기 불편한 소음이 난다. 듣기 좋은 소리를 내려면 훈련이 필요하다. 훈련 과정을 거쳐 아름다운 소리를 낼 수 있을 때 비로소 바이올린 연주를 즐길 수 있다. 악기도 책도 제대로 감상할 수 있으려면 노력이 필수라는 말이다.

즐길 줄 알기 위해서는 우선 다방면으로 배워야 한다. 자신이 무엇에 흥미가 있는지 알기 위해서다. 직업 선택에 유리하기 위해서만 공부가 필요한 게 아니다. 무엇을 취미로 삼는 게 좋은지 알기 위해서도 공부가 필요하다. 어떤 이에겐 책이, 어떤 이에겐 음악이, 어떤 이에겐 운동이 행복한 삶을 향유하는 수단이 될 수 있다. 이 밖에도 요리, 뜨개질, 등산, 낚시, 바둑 등 찾으면 얼마든지 있다.

「아는 사람은 그것을 좋아하는 것만 못하고, 좋아하는 사람은 즐기는 사람만 못하다.」 이것은 논어에 나오는 구절이다. 아는 것보다 좋아하는 게 낫고 좋아하는 것보다 즐기는 게 낫다는 뜻이니 즐길 줄 아는 자야말로 가장 높은 곳에 이른 사람이겠다.

식구들과 같이 있는 때를 제외하면 나 홀로 집에서 보내야 하는 빈 시간이 있다. 책과 함께 살지 않았다면 그 시간을 어떻게 보냈을까. 독서 삼매경에 빠질 수 있어서 얼마나 다행인지.

행복한 이는 혼자서 지루함 없이 빈 시간을 채울 수 있는 사람이라고 깨닫기까지 오래 걸렸다.

모르는 소리 하지 마

남의 일은 다 쉬워 보인다. 그러니 이런 말들이 오가는 것일 게다.

A : 너는 멋을 내는 것 같지 않은데 옷을 세련되게 입는단 말이야.

B : 모르는 소리 하지 마. 나 이거 엄청 신경 써서 옷 입은 거야. '튀지 않게 입되 세련되게 입기'가 내 콘셉트야.

A : 너는 글을 막 쓰는 것 같은데 글이 질서 정연해서 좋아.

B : 모르는 소리 하지 마. 글 쓸 때 내가 얼마나 시간을 들여 고치고 또 고치는데.

A : 엄마가 만든 음식은 다 맛있어요. 아무렇게나 만들어도 엄마 손만 거치면 맛있는 음식이 되나 봐요.

B : 모르는 소리 하지 마. 음식 맛을 내기 위해 내가 몇 번을 먹어 보며 간을 맞추는데.

A : 따님은 꽤 공부를 잘했나 봐요. 수시 모집에 한 번에 붙다니요.

B : 모르는 소리 하지 마세요. 다섯 개의 대학에서 떨어지고 여섯 번째 대학에 붙었답니다. 여러 번 떨어져서 마음고생이 많았지요.

A : 당신은 운이 좋군요. 갑자기 노래 하나로 인기 가수가 되다니 말이죠.

B : 모르는 소리 하지 마세요. 제가 열심히 했는데도 얼마나 운이 따르지 않는 가수였는데요. 무명 시절 십 년을 거쳤답니다.

남들에 대해 쉽게 생각하지 말자. 남의 일은 다 쉬워 보이나 그들 나름대로 어려운 시간을 거쳤음을 놓치지 말자. 남을 올바르게 봐야, '왜 나만 되는 일이 없나?'라고 불평을 늘어놓지 않게 될 테니까.

백조의 우아한 모습만 보느라고 물밑에선 열심히 발을 움직이고 있음을 놓치는 일이 없도록 하자. 겉으로 보이는 것만 보지 않도록 하자. 겉만 보는 건 전체를 보는 게 아니고 그것의 반만 보는 것이므로. 아니 반도 보지 못한 것이므로.

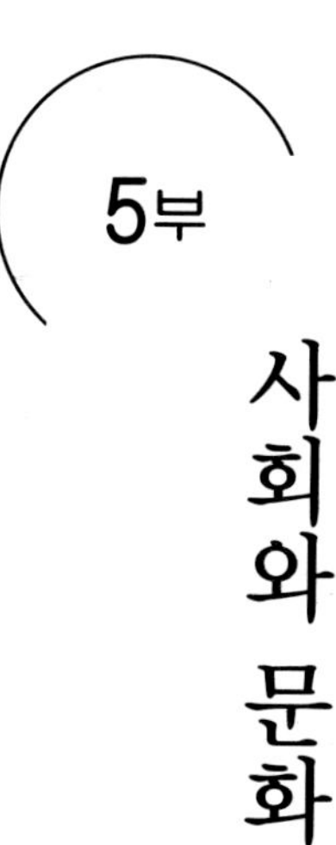

5부

사회와 문화

우리 사회에 절실히 필요한 것

예전에 비해 오늘날 국민 생활은 크게 향상되었으나 사람들 대부분이 만족스럽지 못한 삶을 산다. 국민 소득은 증가했지만 빈부 격차에 따른 양극화가 심화되었고, 급기야 젊은 이들은 입시와 취업의 높은 경쟁률로 인해 살기 어려운 한국을 지옥에 빗대 '헬조선'이라고 부를 정도가 되었다. 청년 실업만 심각한 게 아니다. 수입에 비해 과다한 교육비 지출로 빈곤층으로 전락한 '에듀푸어'나 집을 가지고 있지만 빈곤층에 속하는 '하우스 푸어'도 상당수다.

이 같은 현상이 일어난 까닭은 좋은 직장에 취업하여 돈을 많이 벌고 싶다는 열망을 가진 이들이 많기 때문일 것이다. 이런 열망을 갖게 된 가장 큰 이유는 돈을 중시하고 경쟁의식을 부추기는 사회 분위기 탓이다.

만약 그러한 사회 분위기에 휩쓸려 물욕에 눈이 멀게 된다면 욕심은 끝이 없는 법. 15평 아파트에 살면 25평에 사는 사람을 부러워하고, 25평 아파트에 살면 35평에 사는 사람을 부러워한다. 또 자동차가 없으면 자동차가 있는 이를, 자동차가 있으면 고급 자동차가 있는 이를 부러워한다. 결국 스스로 만족하지 못하고 상대적 빈곤감이 그 자리를 대신한다.

사회학자 '마샬 살린스'에 의하면 오스트레일리아나 칼라하리 사막에 살고 있는 원시 유목 민족은 절대적 빈곤에도 불구하고 진정한 풍요로움을 알고 있다고 한다. 그들은 느긋하게 수렵하고 채집하며 개인이 소유하게 되는 모든 것을 서로 나누어 가진다. 그들에겐 개인 소유물이란 없으며 아무것도 저장하지 않는다. 우리보다 넉넉하지 못한 생활을 하면서도 여유 있는 마음으로 사는 그들이야말로 진정 행복한 사람들 같다.

우리가 물질의 풍요를 누릴 수 없다면 정신적으로 풍요로울 수 있는 삶을 사는 게 옳겠다. 이는 그들처럼 '나누는 삶'을 실천해야 가능할 것이다. 소유하려는 욕심을 버리고 가진 것을 함께 나누며 살아야 한다. 그러나 그게 가능한 일일까?

이미 치열한 경쟁 속에서 살고 있는 우리 사고방식으로 그렇게 사는 건 불가능할 듯하다.

분명한 점은 남에게 나눌 줄 모르고 자기가 남보다 부자가 되는 것을, 또 우리나라가 타국에 비해 잘 사는 경제 대국이 되는 것을 최고 가치로 여긴다면 우린 행복에서 멀어질 수밖에 없다는 사실이다. 부자보다 아름다운 사람이 되려고 하고, 부자 나라보다 아름다운 나라가 되길 바라는 마음가짐이 우리에게 있다면 지금보다 행복한 이들이 더 많아질 거라고 믿는다.

일찍이 백범 김구 선생은 다음과 같은 말을 남겼는데 내게는 매우 감동적인 글로 읽힌다. 「나는 우리나라가 세계에서 가장 아름다운 나라가 되기를 원한다. 가장 부강한 나라가 되기를 원하는 것은 아니다. 내가 남의 침략에 가슴이 아팠으니 내 나라가 남을 침략하는 것을 원치 아니한다. 우리의 부력(富力)은 우리의 생활을 풍족히 할 만하고 우리의 강력(强力)은 남의 침략을 막을 만하면 족하다. 오직 한없이 가지고 싶은 것은 높은 문화의 힘이다. 문화의 힘은 우리 자신을 행복하게 하고 나아가서 남에게 행복을 주겠기 때문이다.」〈백범일지〉에서.

언제부터인가 우리는 성추행이나 성폭력 사건과 갑질 행태의 보도를 자주 접하고 산다. 부도덕한 일이 세상에 밝혀질 때마다 백범 김구 선생이 강조하고자 했던 '높은 문화의 힘'을 생각하게 된다. 요즘 우리 사회에 '높은 문화'가 절실히 필요한 것 같아서다. 물질의 풍요보다 정신 수양을 추구하는 세상에서 살고 싶다.

차별과 편견은 당연한가

내가 결혼했던 1988년 그해, 남편이 내 이름을 부를 순 있어도 아내인 내가 남편 이름을 부르는 건 허용되지 않았다. 감히 아내가 남편 이름을 입에 올려서는 안 된다는 게 시집 식구들의 의견이었다. 우리 부부는 동갑이니 남편이 나보다 나이가 많은 것도 아니었다. 게다가 나는 남편 이름에 '씨' 자를 붙여 불렀고 남편은 나의 이름에 '씨' 자를 붙이지 않고 불렀는데도 내가 부른 남편의 호칭만 문제가 되었다. 이는 내가 처음으로 여성의 낮은 지위를 뼈저리게 자각한 사건이었다.

이런 걸 경험한 터라 책을 통해 페미니즘을 처음 만났을 때 무척 반가웠다. 여자는 여자로 태어나는 게 아니라 길들여지는 거라고 말하는 보부아르의 〈제2의 성〉, 여성이 글을 쓰기 위한 전제 조건으로서 자기만의 방과 돈이 필요하다고 말하는 울프의 〈자기만의 방〉, 그리고 우리는 남성과 싸우는 게 아니라 단지 나쁜 원칙과 싸운다고 말하는 프리단의 〈여성의 신비〉 등을 읽으며 세상의 불합리와 불공정을 배웠다.

그로부터 십 년 세월이 흐르자 아내가 남편 이름을 불러도 괜찮은 시대가 되었다. 시동생이 결혼하여 새로 생긴 동서가 그걸 증명했다. 세월은 여성의 사회적 지위를 그렇게 높여 놨다.

오늘날 페미니즘이란 말은 진부하다. 오랜 기간 인구에 회자되다 보니 자칫 페미니즘에 대한 모든 책들이 새롭지 않은 뻔한 주장을 담고 있을 거라고 보기 쉽다. 나도 그랬다. 그러다가 정희진의 〈페미니즘의 도전〉을 읽었다. 이 책은 진부하지 않고 새롭다 못해 충격적이다. 이 책을 읽고 나면 기존 인식의 틀을 뿌리 뽑고 새로운 인식의 틀을 만들어 세상을 완전히 다른 시각으로 봐야 하기 때문이다. 오랫동안 유지해온 가부장제 사회의 통념을 전부 지워 버리고 새로운 내용으로 사유해야 하기 때문이다. 그러므로 이 책은 어떤 독자에겐 마음 불편한 책이 될지 모른다.

이 책은 남자에게 대항하여 싸우자고 소리치지 않으며, 여자의 힘을 기르자고 주장하지도 않는다. 그저 남자든 여자든 인간으로서 올바르게 알아야 할 일들을 알려 주기 위해 세상의 문제점들을 조목조목 설명할 뿐이다. 그리하여 우리가 가졌던 생각들이 맞는지를 진지하게 검토할 기회를 갖게 해 준다.

우선 저자는 머리말에서 물음에 대해 언급한다. 모든 물음은 질문하는 사람의 사회적 위치와 사고방식을 반영한다는 것. 질문은 질문하는 사람의 교양과 예의뿐 아니라 권력을 드러낸다는 것.

「"왜 여자들이 취업하려고 하지?", "장애인도 애를 낳을 수 있나?", "왜 노인이 사랑을 해요?", "동성애자도 실연당해요?", "흑인도 철학자가 될 수 있나?", "(이주 노동자에게) 왜 한국에 왔나?" 이 같은 질문은 남성, 비장애인, 젊은 사람, 이성애자, 백인, 한국인에게는 해당되지 않는다. 어떤 사람에게는 너무나 당연한 권리가 어떤 사람에게는 설명하고 양해를 구해야 할, 혹은 용서받지 못할 욕망으로 간주된다. 이처럼 질문은 묻는 자와 답하는 자 사이의 사회적 권력 관계를 반영한다. 여성은 남성에게 "왜 그렇게 취업하려고 노력하니?"와 같은 질문은 하지 않는다.」

내가 무심코 한 말이 누군가에게 상처를 줄 수 있다니 평상시 얘기할 때도 주의가 필요하겠다. 나의 말에 어떤 편견과 선입견이 작용하고 있는지를 스스로 검토해야겠다. 인간을 존중하는 세상을 만들려면 우리의 노력이 얼마나 필요한지를 새삼 깨닫는다.

저자는 우에노 치즈코의 말을 옮겨 적는다.

「여성주의 사유 방법의 출발은 "그들이 말하게 하라."였다. 우에노 치즈코는 다음과 같이 지적한다. 문서화된 역사가 거의 없는 상태에서 여성의 역사가 출발하다 보니, 그동안 역사는 남성에 '의해' 여성에 '대해' 쓰여진 문서나 재현에 의존했다. 그러나 이제까지 남성들이 쓴 것은 여성에 대한 '사실'을 전하는 것이 아니라, 남성이 여성에 대해 무엇을 생각하고 어떤 환상을 갖고 있는가와 관련된 남성들의 관념을 웅변하고 있다. 다시 말해, 남성이 생산한 여성에 대한 지식은 남성 자신에 대해 말하고 있는 것이지, 여성에 대해서는 아무것도 말하고 있지 않다.」

이는 남성에 의해 쓰인 여성의 역사에서 여성의 모습은 왜곡될 수밖에 없으니, 결국 여성 모두가 갖고 있는 시각은 남성이 만들어 놓은 잘못된 시각을 그대로 이어받은 것에 불과함을 말하고 있다. 보부아르의 표현을 빌리면, 여자는 여자로 태어나는 게 아니라 길들여진다는 것이겠다. 이것이 세월이 흘러도 남성 중심의 사회가 그대로 유지될 수밖에 없는 이유일 게다.

저자는 '동성애 혐오 문화'에 대하여 날카롭게 지적한다. 자신이 동성애를 허용하자고 주장한 적이 없을 뿐 아니라 누가 동성애를 허용하거나 금지할 수 있는 위치에 있는지도 의문이라고 한다. 여성이나 흑인, 장애인 모두 누군가 찬성하지 않아도 살아가듯이, 동성애자 역시 누군가의 동의와 허락이 있어야만 존재할 수 있는 건 아니라는 것이다.

「동성애자임을 알리겠다는 위협이 한 사람의 인권을 몰수하는 '권력'일 수 있는 것은, 우리 사회에 깊숙이 퍼져 있는 동성애 혐오 문화 때문이다. 그런 점에서 이 문제의 가해자는 사회 구성원 모두라고 볼 수 있다.」

소수자에 대해선 이렇게 말한다. 인간은 누구나 어느 면에선 소수자이며, 그 누구도 모든 면에서 완벽한 진골일 수는 없다는 것. 특히 한국 사회에서는 성별과 계급뿐만 아니라 지역, 학벌, 학력, 외모, 장애, 성적 지향, 나이 등에 따라 누구든 한 가지 이상의 차별과 타자성을 경험한다는 것. 그러므로 자기 내부의 타자성을 찾아내고 소통해야 한다고.

이 밖에도 성비 불균형으로 인한 여아 낙태, 가정 폭력, 정신대 문제 등이 인권 문제임을 지적한다. 또한 한국 사회에서 많은 이들의 일상을 규율하고 있는 외모, 학벌, 나이, 서울 중심주의 등으로 인한 차별 사안도 인권의 침해 문제로 다루어져야 한다고 말한다.

제도는 세계 지역에 따라, 시대에 따라 다르다. 그런데 우리 대부분은 현재 존재하는 제도를 당연하게 받아들이기 쉽다. 이러한 현상이 어디 제도뿐이겠는가. 우리는 각자 알고 있는 모든 원칙들을 일말의 의심 없이 반드시 지켜야 마땅한 것들로 받아들이며 살고 있지 않은가. 가장 큰 문제는 당연하다고 여기는 일들에 대해 의문을 제기하지 않는 우리 태도라는 생각이 든다.

2020년이다. 시대가 변했다. 하지만 요즘도 한국인이 이주노동자를 무시하여 일어난 사건과, 남성이 여성 비하 발언을 하여 논란이 된 사례를 각종 뉴스가 심심찮게 보도한다. 모든 이들의 행복한 삶을 위해서 사람의 마음을 아프게 하는 차별과 편견은 아직도 극복해야 할 과제로 남아 있다.

그냥 지나친 적은 없는가

고독사로 인해 부패한 시신이 뒤늦게 발견되는 사건이 뉴스를 통해 종종 전해진다. 이 같은 보도를 접할 때마다 삭막한 현시대의 한 단면을 보는 것 같아 씁쓸하다. 일인 가구가 많아진 요즘, 고독사는 심각한 사회 문제로 대두되고 있다.

이와 대비되는 아름다운 이야기가 있다. 초라한 오두막에 한 가족이 살았다. 남편은 성실한 어부지만 다섯 명의 자식들이 먹을 빵조차 넉넉하지 못할 정도로 가난하였다. 어느 날 「고기는 한 마리도 못 잡았소.」 하며 돌아온 그에게 아내는 「우리 이웃 여자가 죽었어요.」 하고 말한다. 이어서 아내는 어젯밤에 죽은 것 같고 어린 두 아이를 남겼다고 덧붙인다. 죽은 여자는 과부였고 역시 가난하였다. 그녀는 직접 그 과붓집에 가서 시체를 보았었다. 과부가 죽었다는 말에 남편은「저런! 저런!」하고 머리를 긁적이며「우리에게 아이가 다섯인데, 그렇다면 일곱이 되겠군. 저녁은 가끔 먹게 되겠군. 우리 이제 어떻게 해야 하지? 참! 낭패로군!」하고 말한다.

그런데 그녀는 과부의 시체가 있는 집에서 나올 때 뭔가를 가지고 나왔었다. 이 사실을 남편에게 어떻게 얘기해야 할지 몰라서 가슴이 뛰고 걱정이 되었다. 영문을 알 턱이 없는 남편은 과부의 아이들이 죽은 엄마 곁에서 무서워하고 있을 거라며 애들을 데려다 키우자고 한다. 그러자 아내는 더 이상 망설이지 않고 커튼을 젖히며 답한다.「자, 그 애들이 여기 있어요!」그녀가 가져온 것은 바로 고아가 된 아이들이었다. 아내도 그 가여운 애들을 키울 마음으로 이미 자기네 집에 데려다 놓았던 것이다. 이는 빅토르 위고의 〈가난한 사람들〉이란 소설의 내용이다.

반면에 이런 소설이 있다. 유형지로 새로 부임한 신임 사령관이 초대하여 탐험가가 유형지에 오게 된다. 사령관이 탐험가를 초대한 건 이곳에서 집행되는 사형 방식이 너무 비인간적이라는 생각이 들어 그에게 자문을 얻어 이곳의 처형 제도를 개혁하려는 의도에서였다. 이 탐험가에겐 그만한 영향력이 있었다.

이곳에 끌려온 죄수는 야간 보초를 서다가 잠이 들었다는 것과, 이를 상관에게 들켰는데도 상관에게 잘못을 빌기는커녕 오히려 대들었다는 이유로 사형을 선고받았다. 불공평하게도 죄수에게는 어떠한 변명을 할 기회도 주어지지 않고 단지 판사인 장교의 독단적인 판결로 사형이 집행된다. 장교는 이 사형 집행에 찬성하는 자인데, 여기서 사형 집행이란 뾰족한 바늘이 죄수의 등에 죄명을 새기는 그런 기계 속에서 죄수가 죽어가는 것. 그것도 12시간 동안이나 고통스럽게 만들고 죄수가 죽게 되면 그를 구덩이 속으로 처넣는 것이다.

탐험가는 이곳 유형지의 비인간적인 제도와 비인간성에 대해 마음속으로는 반대하면서도 침묵한다. 자신은 유형지 주민이 아니므로 나설 필요가 없다고 생각한다. 그래서 무엇이 옳은지 판단할 줄 알면서도 개선하기 위해 노력하지 않고 방관자의 입장을 취한다. 이는 프란츠 카프카의 〈유형지에서〉에 나오는 이야기다.

방관하는 탐험가는 홀로 사는 사람이 싸늘한 주검이 되어서 부패될 때까지 몰랐던, 이웃에 관심이 없는 우리 모습과 겹쳐 보인다. 저 혼자만 잘살면 된다고 이웃의 불행을 모른 척하는 무관심. 자기 일이 아니라고 불의에 저항하지 않는 무관심. 때로 타인에 대한 가장 큰 죄는 미움이 아니라 무관심일 수 있다.

어느 집에 화재가 발생한 걸 보고도 신고하지 않고 귀찮다며 그냥 지나친 적은 없는가? 길거리를 지나가다가 집 잃고 우는 어린애를 보고도 바쁘다며 그냥 지나친 적은 없는가? 집 부근에서 불길하고 수상한 울음소리를 듣고도 남의 일이라며 그냥 지나친 적은 없는가? 나는 나에게 물어보았다.

우리가 인정이 없는 메마른 세상을 만들어 간다면, 우리는 가해자만 되는 게 아니라 피해자가 될 수도 있다.

확신을 경계하라

프란츠 카프카의 소설 〈유형지에서〉에는 두 유형의 인물이 나온다. 그릇된 사고를 가졌으면서도 그것이 옳다고 굳게 믿는 장교와, 무엇이 잘못인지 알면서도 침묵하는 탐험가다. 내가 주목한 건 전자다.

장교는 판사로서 유형지에 임명되어 왔으며 사형 집행을 담당한다. 그는 탐험가에게 사형 집행의 기계를 보여 주며 그 우수성을 과시하고자 한다. 그것은 뾰족한 바늘이 죄수의 몸을 찌르게 되어 있는 사형 집행기다. 죄수는 이 기계 안에서 12시간 동안이나 고통을 받다가 죽게 된다. 이 잔인한 사형 방식을 찬미하고 집착하는 자가 바로 장교다.

죄수는 근무를 태만히 했다는 죄로 이곳에 끌려와 사형 선고를 받았다. 보초를 서는 새벽 두 시에 잠이 들었다는 것과, 이를 본 상관이 승마용 채찍으로 얼굴을 후려갈기자 상관에게 잘못을 빌기는커녕 오히려 대들었다는 게 그 이유였다. 그런 죄수에게 변호할 기회는 절대 주어지지 않으며 장교의 독단적인 판결로 사형이 집행된다.

장교는 말한다.「저는 판사로서 하나의 원칙을 세워 놓고 있는데, 그것은 모든 범죄는 의심할 여지가 없다는 것입니다.」모든 범죄는 단지 범죄일 뿐이라는 장교의 이 고정 관념은 얼마나 어리석은가. 그는 작은 실수를 저지른 죄수가 사형을 당하는 게 얼마나 부당한 일인지조차 지각하지 못한다. 죄수에게 변호할 기회를 주지 않는 점에 대해서도, 사형 방식이 잔인하다는 점에 대해서도 옳지 못하다고 판단할 줄 모른다.

이곳의 사형 집행기는 구 사령관이 발명한 것으로, 이 기계의 제작 과정에 참여한 장교는 이것에 유별난 애착을 갖고 있었다. 한데 구 사령관이 죽고 나서 새로 부임한 신임 사령관이 사형 집행기를 없애고 싶어 하자, 이를 막기 위해 장교는 탐험가에게 사형 집행기에 대하여 좋은 평가를 해 달라고 부탁한다. 탐험가에겐 그럴 만한 영향력이 있는 까닭이다. 이 부탁을 탐험가가 거절하자 장교는 죄수를 석방하고는 자기 스스로 직접 기계 속으로 들어가 눕는다. 「장교를 지탱해 주던 그 신념이, 그렇게 옳다고 믿었던 자신의 재판 과정이, 그리고 그토록 애지중지하던 그 기계 장치가 이제 아무에게도 존중받지 못하고 쓰레기 취급을 당할 처지에 놓여」 있었기 때문에 스스로 죽음을 택한 것이다. 그러나 기계는 고장이 났는지 이상하게 작동하여 장교 몸에서 피가 분수처럼 뿜어져 나오게 하더니 결국 장교를 고통스럽게 죽게 한다.

장교는 죽음을 용기 있게 선택할 만큼 자기 신념에 대한 실천력이 훌륭한 사람이다. 그럼에도 불구하고 우리에게 그는 존경의 대상이 아닌 비난의 대상이다. 그가 가진 신념은 그릇된 것이기 때문이다.

이런 인물은 역사 속에서도 찾을 수 있다. 독일을 지배하던 히틀러는 국민들에게 게르만 민족의 우수성을 주장하면서 다른 민족들을 잔인하게 박해하는 일을 국민들로 하여금 긍정적으로 여기게 만들었다. 그래서 그의 그릇된 판단은 많은 국민들의 지지를 받을 수 있었고 그의 독재가 가능할 수 있었다. 히틀러뿐만 아니라 많은 국민들도 오판했던 것이다.

이처럼 한 사람으로 인해 많은 이들이 오판하는 일은 오늘날에도 얼마든지 재현될 수 있어 냉철한 경계를 요한다. 특히 요즘은 인터넷으로 정보를 얻는 일이 흔해서 저널리스트가 쓴 한 편의 글이 여론에 큰 영향을 끼칠 가능성이 있기에 얼마든지 다수의 잘못된 생각을 양산해 낼 수 있다.

사실 올바르게 판단하는 게 언제나 쉽지만은 않다. 이 소설에서처럼 죄수에게 긴 시간 동안 고통을 주는 처형 제도는 나쁘다고 쉽게 판단할 수 있지만, 잘 판단하기 어려운 경우도 있다. 예를 들면 사형 제도의 폐지 문제가 그렇다. 범죄 억제의 효과를 중요시한다면 사형 제도를 실시해야겠지만, 생명권을 중요시한다면 사형 제도를 폐지하는 게 맞다. 또 주택가에 시시티브이(CCTV)를 설치하는 문제도 찬반 의견으로 나누어질 수 있다. 범죄가 감소한다는 이유로 시시티브이(CCTV) 설치에 찬성할 수도 있지만 사생활이 노출된다는 이유로 반대할 수도 있다.

지난날을 돌이켜 보면 누구나 여러 번의 착오를 범했다는 걸 알게 된다. 그런데도 자신이 늘 옳다고 여기기 쉽다. 이럴 때 우리 모습은 이 소설 속 장교의 어리석은 모습과 닮았을지 모른다.

살면서 확신을 경계하기 위해 버트런드 러셀의 〈런던통신 1931－1935〉에 실린 다음 글을 기억해 두면 좋을 듯하다. 「사실 단지 자신의 의견을 취한다고 해서 지식인이 될 수 있는 건 아니다. 지식인이란 이러저러한 견해를 가지고 있는 사람이 아니라, 자신이 믿고 있는 것에 대한 타당한 논거를 갖고 있더라도 그것을 교조적으로 믿지 않는 사람이다.」

참아야 할까, 말까

1. 참았네

동창생 넷이서 만났다. 그중 한 친구가 만둣국을 잘하는 음식점을 안다고 해서 점심을 먹으러 거기로 갔다. 소문난 곳이라 그런지 손님들이 많았고 깔끔해 보였다. 우리는 만둣국을 주문했다. 우선 종업원이 물을 가져왔는데 그의 손가락이 컵 안의 물에 닿아 있었다. '자기 손가락을 적신 물을 먹으라는군.'

못마땅했지만 참았다. 그녀는 바빴고 청결 문제 같은 건 관심도 없어 보였다. 이윽고 만둣국이 나왔다. 맛있었다. 한데 반쯤 먹었을 때 내가 먹고 있는 만둣국에 긴 머리카락이 하나 빠져 있는 게 보였다. 비위가 상해 더 이상 먹을 수가 없었다. 친구들도 비위가 상할 것 같아 그들에겐 말하지 않았다. 종업원에게 따질 수도 있었으나 또 참았다. 친구들을 만나 즐거운 날에 남에게 싫은 소리를 하고 싶지 않았으므로.

2. 이번엔 못 참았네

그로부터 한 달 뒤쯤 대구에 사는 친구 둘이 서울로 놀러 왔다. 나처럼 서울에 사는 친구 한 명이 있어 넷이 모였다. 대구의 두 명과 서울의 두 명이 만난 것이다. 원래 대구와 서울의 중간쯤에 있는 대전역에서 넷이 만나곤 했는데 이번엔 대구에 사는 두 사람이 서울로 오겠다고 했다. 그 덕분에 내가 대전까지 가는 수고를 덜었고 차비도 굳었다.

일단 우리 집에서 모였다. 대구의 두 친구가 얼마나 부지런을 떨며 일찍 출발했는지 오전 11시쯤 되니 네 명이 다 모였다. 우리 집에서 빵과 과일에 커피를 곁들이며 신나게 수다를 떨기 시작했다. 점심은 나가서 먹기로 해서 12시가 넘자 우린 외출 준비를 했다. 집에서 가까운 곳인, 음식점과 카페가 모여 있기로 유명한 카페촌에 가기로 했다.

우리 넷은 의견을 모아 한정식 음식점을 찾아 들어갔다. 분위기가 고급스러웠다. 음식 가격이 비싼 편이었지만 반찬 종류가 다양하고 다 맛있었다. 그런데 문제는 질 낮은 서비스였다. 우리가 음식을 다 먹고 숟가락을 놓자마자 바로 종업원이 쟁반을 가지고 와서는 그릇을 치우는 게 아닌가. 그것도 양해도 없이 달그락, 쾅쾅 소리를 내면서 말이다. 마치 우리에게 빨리 나가라고 소리치는 것 같았다. 푸대접을 받는 느낌이었다. 그 순간 고급 음식점으로 보이던 곳이 싸구려로 보였다. 손님이 많아 자리가 없어서 그런가 싶어 주위를 둘러보니 여기저기 비어 있었다. 빈자리가 있는데도 고급스러운 음식점에서 이런 불친절이라니.

대구 친구 한 명이, 서울은 다 이러냐고 물었다. 나뿐만이 아니라 친구들 모두 기분이 상한 듯했다. 우리 기분이 구겨진 종이처럼 되어 버렸다. 참을 수 없었다. 음식값을 내면서 한마디 해야겠다고 별렀다.

계산대로 갔더니 음식점 주인이 있었다. 음식값을 지불하며 이렇게 말했다.

"그릇을 치우는 게 그렇게 급한 일인가요? 모처럼 지방에서 친구들이 올라와서 점심 먹으러 왔는데 우리 넷 다 불쾌해졌어요."

주인이 대답했다.

"죄송합니다. 그릇을 치우고 깨끗한 테이블에서 이야기 나누시라고 그런 것 같아요."

이건 핑계 같았다. 그나마 죄송하다고 하니 마음이 좀 풀렸다.

3. 며칠 뒤 애덤 스미스가 떠올랐네

며칠 지나 그 일을 곰곰이 돌이켜 봤다. 내가 불친절을 지적한 게 잘한 일인지 의문이 들었다. 만약 나로 인해 음식점 주인한테 그 종업원이 꾸지람을 들었다면 그래서 그가 상처를 받았다면 나 역시 누군가에게 불쾌감을 준 건 마찬가지가 아닌가.

대체로 어떤 행동을 하는 사람에 대해 단 한 가지 이유로 그랬을 거라고 보는 시각은 정확하지 못하다. 그때를 돌아보면 내가 불친절을 지적한 것은 단순히 한 가지 이유 때문만이 아니고 다음과 같은 여러 이유가 있었던 것 같다.

첫째, 지난번 종업원의 손가락이 닿은 물도 참았고, 머리카락이 빠져 있는 음식도 참았는데, 이번에도 또 참으면 아주 억울할 것 같았다.

둘째, 이번에 그냥 넘어가면 내가 처신을 잘못했다고 나중에 후회할 듯싶었다.

셋째, 이번에 그냥 넘어가면 내가 친구들 앞에서 바보가 될 듯싶었다.

넷째, 우리들 자존심이 상했으므로 자존심을 회복하고 싶었다.

무엇보다 다음 이유가 중요하다.

다섯째, 내가 느낀 불쾌감을 얘기해 줘야 앞으로 나와 똑같이 당하는 손님이 생기지 않을 것 같았다.

이 다섯째 이유로 인해 애덤 스미스의 〈도덕감정론〉에서 읽은 글이 떠올랐다. '교묘하게 꾸며낸 생각들'에 대해 쓴 다음 글이다.

「도둑놈이 어떤 부잣집의 물건을 훔치는 경우, 그는 부자는 이 물건이 없더라도 별 어려움을 느끼지 않을 것이며, 그리고 비록 도둑을 맞더라도 눈치채지 못할 것이라고 생각하면서, 자신은 어떤 악(惡)도 행하고 있는 것이 아니라고 생각한다. 간부(姦夫)가 자기 친구의 처(妻)를 유혹해서 간통을 하려는 경우, 그가 자신의 음모를 감추어 그 남편의 의혹만 사지 않을 수 있다면, 그리고 그 가정의 평화만 깨뜨리지 않는다면, 자신은 어떤 악(惡)도 행하고 있는 것이 아니라고 생각한다. 그러나 일단 우리가 이처럼 교묘하게 꾸며낸 생각들에 굴복하기 시작하면, 우리가 행하지 못할 정도로 흉악한 범죄행위는 하나도 없게 된다.」

도둑이 어느 부잣집의 물건을 훔칠 때 집 주인이 부자라서 괜찮다고 여기며 도둑질을 하는 경우가 있다면, 부자를 상대로 사기를 치는 사기꾼도 그러한 생각으로 사기를 치는 경우도 있겠다. 또 빈자를 상대로 사기를 치는 사기꾼도 당신 형편이 나보단 나으니 괜찮다고 여기며 사기를 치기도 하겠다. 그래서 그들은 악(惡)을 행하면서도 본인이 악(惡)을 행하고 있는 게 아니라고 여길 수 있겠다. 이를 다른 말로 하면, 인간은 '자기방어의 명수'여서 자기가 한 일을 합리화함으로써 양심의 가책을 느끼지 않는다, 라고 표현할 수 있다.

그때의 나에 대해서도 이렇게 해석할 수 있다. '다른 손님이 나처럼 불유쾌해지는 일을 막기 위해 종업원의 불친절을 탓했으니 나는 악(惡)을 행하고 있는 것이 아니다.'

난 옳은 일을 한 것일까 아니면 혹시 나도 애덤 스미스의 말처럼 '교묘하게 꾸며낸 생각들'에 속아 저지른 것일까?

지금도 모르겠다. 또 그런 상황이 벌어진다면 참아야 할지, 참지 말아야 할지를.

코로나19로 깨달은 것

요즘 '신종 코로나바이러스 감염증'으로 인해 전국이 비상 상태다. 전염을 막기 위해 모두가 되도록 외출을 삼가야 한다. 따라서 각급 학교의 개학이 연기되었고 재택근무를 하는 회사들이 생겨났다. 뉴스를 볼 때마다 코로나19 확진자가 새로 생겨나고 있어 심각성을 확인하며 공포를 느낀다. 예방 백신이나 전용 치료제가 없는 코로나19는 2019년 12월 중국 우한에서 처음 발생하였다. 현재는 우리나라뿐 아니라 미국과 이탈리아를 비롯해 많은 나라에서 빠르게 확산하여 세계적인 난제가 되었다.

그동안 나는 미세먼지가 우리가 공동으로 겪어야 하는 최악의 문제라고 생각했었다. 코로나바이러스 출현으로 미세먼지는 먼지처럼 작은 문제가 되어 버렸다. '최악'을 아무 데나 붙여선 안 되는 거였다. 미세먼지는 감염성이 없으니 타인을 경계할 필요가 없고 그저 본인만 마스크를 쓰면 안심이 되었다. 그러나 코로나19는 감염성이 높아 타인을 보균자인 양 의심하게 되고 본인뿐만 아니라 온 국민이 마스크를 쓰고 다 함께 조심해야 한다. 자기 건강이 타인의 노력에 달려 있다고 할 수 있으니 참 어려운 상황에 놓여 있다 하겠다. 게다가 코로나19는 무증상 전파력이 강하다고 하니 지인들과의 만남을 피해야 하는 건 물론이고 집에서조차 가족이 서로 거리를 두어야 한다.

코로나19는 내 생활에 많은 변화를 초래했다. 그중 두 가지만 말하자면 무용과 책에 대한 것이다. 나는 매주 무용 센터에 가서 35분 동안 발레와 스트레칭을 하고 다시 35분 동안 현대 무용을 해 왔다. 발레와 스트레칭은 현대 무용을 하기 위한 기초 운동인 셈이다. 이렇게 총 70분 동안 운동을 하고 나면 숨이 차고 땀이 나고 목이 마르다. 이 느낌이 난 좋았다. 운동다운 운동을 한 것 같아 마음이 뿌듯해지곤 했다. 그런데 코로나19로 인해 사람이 모이는 무용 센터에 가지 못하게 됐다. 음악과 율동이 있는 무용은 내게 활력을 주는 운동이었는데 안타깝다.

내 책의 출간일도 변경했다. 원래 계획은 내가 책에 실을 글을 골라서 교정, 수정하여 3월에 원고를 출판사로 넘기면 한두 달 뒤 책이 출간되는 걸로 돼 있었다. 출판사에 원고를 넘겨주면 거기서 교정 작업을 해 주고 필요시 나를 호출하면 내가 출판사에 가서 표지, 목차, 사진 등에 대해 의논하고 결정하기로 예정돼 있었다. 그런데 코로나19로 인해 원고를 넘기는 날을 미뤘다. 자연히 책 출간도 늦어질 것이니 실망스러운 일이다. 그 밖에 장 보러 가는 것도, 걷기 운동을 하는 것도, 친정에 가는 것도 큰 부담이 생기니 사는 게 편할 리 없다.

국민 누구나 힘들어하고 있다. 마스크를 사지 못할까 봐 걱정들이고, 문을 닫는 식당이 생기는가 하면 날짜를 잡은 결혼식이 연기되는 등 불편을 겪는 사례가 속출하고 있다. 장례식장에 조문객들이 오지 않아 거북한 입장에 처한 이들도 있다.

우리는 현재 코로나19라는 초유의 감염병과 전쟁 중이다. 무기 아닌 사람 자체가 폭탄일 수 있는 이 전쟁의 끝이 보이지 않아 모두가 암울할 수밖에 없다. 그 누구보다 한집에서 사는 가족이 자신에게 코로나19를 전염시킬 가능성이 높은 현실. 그래서 가족조차 함께 밥을 먹기가 꺼려지는 비극적인 현실 속에 우리는 살고 있다.

코로나19가 발생하기 전에 나는 어떻게 살았는지 생각해 본다. 이따금 아침에 일어나기가 귀찮았고, 출근하는 날엔 잠을 더 자고 싶었고, 매일 반복되는 집안일을 하기 싫을 때가 있었고, 글쓰기 수준이 향상되지 않아 불만이 가득한 날이 있었으며, 걱정을 달고 사는 삶이 무겁게 느껴진 날도 있었다. 그런가 하면 식구들이 밥상에 둘러앉아 행복한 저녁 시간을 가졌고, 공기 맑은 날에 산책을 즐겼으며, 땀을 흘리면서 운동하는 걸 좋아했다. 돌아보면 평범한 일상이었다.

안전지대가 없어 긴장되고 두려운 지금, 코로나19가 없었던 그때로 돌아가고 싶은 마음이 간절하다. '범사(凡事)에 감사하라.'라는 말이 새롭게 느껴진다. 내가 코로나19에 감염되고 싶지 않고 건강하길 바라는 건 평범한 일상을 사랑하기 때문임을 깨닫는다. 코로나19로부터 안전하고 싶은 사람들 대부분이 삶을 사랑하고 있음을 알겠다.

우스갯소리로 세 가지 거짓말이라는 게 있다. 처녀가 시집가기 싫다는 말, 상인이 밑지고 판다는 말, 노인이 빨리 죽고 싶다는 말 등이다. 빨리 죽고 싶다는 노인의 말을 우리가 거짓말로 여기는 이유도 바로 이 때문이다. 인간은 죽음과 반대편에 있는 삶을 사랑한다는 것.

코로나19에 관한 소고

모든 일에는 장단점이 있기 마련이다. 아무리 나쁜 일이라도 찾아보면 거기엔 좋은 점이 한두 가지는 있다고 평소 여겨 왔다.

코로나19는 우리로 하여금 외출 시 마스크를 써야 하고 타자와 거리를 일정하게 유지해야 하는 불편함을 겪게 만들었다. 뿐만 아니라 긴장과 두려움 속에서 살게 만들었다. 그러한 코로나19 사태를 통해서도 인간이 뭔가를 반성하거나 터득하게 된다면 이는 불행이 주는 선물이 될 수 있다는 생각을 갖게 되었다. 그러다가 찾아낸 게 있다.

세 사람에 관한 얘기부터 해야겠다. 북한의 김정은, 일본의 아베, 미국의 트럼프. 이들에겐 공통점이 있다. 첫째, 이들은 자신만만하고 오만하다. 마음속은 알 수 없지만 겉으로 나타내는 태도가 그렇다. 둘째, 이들은 우리나라를 무시하거나 위협하는 느낌을 우리 국민에게 주었다.

그런 그들이 이번에 자국의 방역 조치만으론 해결할 수 없는 감염병이 있음을 깨달았으리라. 타국과의 연대 없이는 극복하기 어려운 문제가 앞으로 얼마든지 발생할 수 있음을 깨달았으리라. 게다가 대한민국이 감염병에 대처하는 능력이 월등하다는 것도 알았으리라. 그리하여 세 사람이 오만함을 내려놓고 낮은 자세로 대한민국의 도움을 요청해야 하는 상황이 미래에 생길 수 있다는 걸 인식하게 만든 게 코로나19라고 생각한다.

그러나 그것을 코로나19의 이로운 점이라고 함부로 말할 수는 없겠다. 그렇게 인정하기엔 우리의 심신적 고통이 너무 크기 때문이다. 그렇게 여기기엔 경제 위기에 처한 우리 피해가 너무 크기 때문이다. 이 와중에 일부 품목이 수출의 호조세를 보이고, 일부 상품이 온라인 판매가 증가했다고 해도 국민 대다수의 힘든 처지를 어떻게 상쇄할 수 있겠는가.

코로나19는 승전국 없는 전쟁처럼 전 세계 인류를 큰 불행에 빠뜨린 재앙이다. 이에 대해 이견이 있을 수 없다. 어떤 이유로도 코로나19의 출현을 긍정적으로 받아들일 수 없다.

마지막으로 덧붙여두고 싶은 것이 하나 있다. 내가 아는 바와 달리 미국과 일본과 유럽 여러 나라의 의료 체계가 선진국 수준이 아니라는 점이다. 놀라운 일이었다.

부록

본문에서 발췌하여 옮겨 놓은 글

본문에서 발췌하여 옮겨 놓은 글

결국 남녀 사이는 공간적으로 멀리 있어야 갈증이 생겨 뜨거운 사랑이 식지 않는다는 얘기다. 늘 옆에 있어서 언제나 안을 수 있는 배우자에게는 간절함이 생기지 않는다. 보일 듯하면서 보이지 않고, 잡힐 듯하면서 잡히지 않는 그 안타까움이 사랑을 증폭시킨다는 결론이다.('사랑에 유효 기간이 있을까'에서.)

연애와 결혼을 비교해서 간단히 말한다면 이렇게 되지 않을까 싶다. 사랑의 환상에 빠져 상대의 장점에 주목하는 게 연애라면, 그 환상이 깨져서 상대의 단점에 주목하는 게 결혼이라고. 또 이렇게 말할 수도 있다. 상대의 단점마저도 포용하고 싶은 게 연애라면, 상대의 단점으로 인해 싸우고 나서 그 단점을 개선시킬 것인가 아니면 참아 줄 것인가로 고민하는 게 결혼이라고.('결혼 전 숙지 사항 일곱 가지'에서.)

갑질이 심각한 사회 문제로 대두되는 요즘이다. 누구든 항상 '갑'일 수는 없다. '갑'이 '을'이 되기도 하고 '을'이 '갑'이 되기도 한다. 예를 들면 사회적 지위가 높은 모 회사의 사장은 회사에서 갑이지만 자녀가 교칙을 위반하여 퇴학을 당할지 모를 위기에 처하면 학교 선생님 앞에서 을이 된다. 이와 반대로 회사에서 을이었던 사람이 백화점에 가면 갑의 대접을 받는다.('배려에 관하여 2'에서.)

일례로 하늘에서 내리는 '눈'을 제각각 다른 시각으로 보는 것은 각자 다른 삶을 살아서다. 눈사람을 재밌게 만들었던 누구에게는 눈이 즐거운 추억을 떠오르게 한다. 하지만 눈사태로 가족을 잃었던 누구에게는 눈이 끔찍한 사건을 떠오르게 한다. 같은 '눈'이지만 이렇게 다르게 받아들일 수 있다. 그러니 남에게는 자신이 모르는 부분이 있다는 사실을 인정해야 한다.('타인을 이해하는 게 가능할까'에서.)

그런 현상은 친구 관계에서도 간혹 생긴다. 두 사람이 만나 자동차를 타고 음식점에 가서 점심을 함께 먹고 헤어졌는데, 한편에서는 자신이 밥을 샀으니 다음에 만나면 상대자가 밥을 사야 한다고 여기고, 다른 편에서는 점심값보다 자신의 자동차 기름값이 더 들었다고 여긴다. 그러다 보니 각자 자기가 상대자에게 베푼 것 같은데 돌아오는 건 적은 것 같아 손해 보는 느낌이 든다.('왜 한쪽에서만 보시나요'에서.)

나를 좋아하게 만들려면 상대편이 '당신을 만나면 내가 꽤 괜찮은 사람 같아.'라는 생각이 들게 하면 된다고 결론지을 수 있겠다. 누구나 초라해 보이길 싫어하고 멋있게 보이길 바랄 것이므로.('남이 나를 좋아하게 만드는 방법'에서.)

역사적인 사건을 예로 들면, 2003년 미국이 이라크를 침공한 경우 미국의 시각에서 보자면 '테러와의 전쟁'일 수 있지만 이슬람 세계의 시각에서 보면 '문명 충돌'일 뿐이다. 다른 편에서 보면 또 달라진다. 그러므로 한쪽에서만 보는 건 제대로 보는 게 아니다.('움베르토 에코의 시각으로 보기'에서.)

제도는 세계 지역에 따라, 시대에 따라 다르다. 그런데 우리 대부분은 현재 존재하는 제도를 당연하게 받아들이기 쉽다. 이러한 현상이 어디 제도뿐이겠는가. 우리는 각자 알고 있는 모든 원칙들을 일말의 의심 없이 반드시 지켜야 마땅한 것들로 받아들이며 살고 있지 않은가. 가장 큰 문제는 당연하다고 여기는 일들에 대해 의문을 제기하지 않는 우리 태도라는 생각이 든다.('차별과 편견은 당연한가'에서.)